W0053688

|Holzbaum

# Saufen
## wie ein echter Wiener

|Holzbaum

**IMPRESSUM**

**Stadtbekannt Medien GmbH** Saufen wie ein echter Wiener

**www.stadtbekannt.at**

**Text und Editing** Anna Mehofer, Margareta Hofinger

**Layout** Calina Fontanesi

**Druck** AV+Astoria, Bad Vöslau

**Verlag** © 2018 Holzbaum Verlag, Wien

www.holzbaumverlag.at

1. Auflage 2018

ISBN 978-3-902980-77-9

# INHALT

# VORWORT

Wie wir alle wissen, lebt der Wiener nicht von Luft, Schnitzel und Liebe allein. Hin und wieder gönnt er sich auch ein Krügerl, Glaserl oder Stamperl.

Das STADTBEKANNT Buch „Saufen wie ein echter Wiener" geht auf Tour durch Wiens Spelunken, Bars, Schanigärten und Heurige, fachsimpelt mit euch über edle Tropfen und gibt Rat, wo guter Rat teuer ist. Wo bekommt man die verrücktesten Cocktails? Warum ist Tschopperlwossa beim Heurigen tabu? Was hat die Reblaus mit dem Staatsvertrag zu tun? Welche prominenten Saufgeschichten erheiterten einst das alte Wien? Und was wirkt wirklich gegen den grässlichen Kater?

Wer nun neugierig geworden ist, darf sich auf die Lektüre dieses wahrlich berauschenden Büchleins freuen …

# WARNHINWEIS FÜR ALLE RAUSCHKINDER

Wir von STADTBEKANNT weisen ausdrücklich darauf hin, dass dieses Bücherl trotz seines koketten Namens keine Anleitung zum exzessiven Tschechern, Spiegeltrinken und Komasaufen sein soll.

Uns geht es um den Genuss. Und der ist halt einmal im Oasch, wenn man es übertreibt und b'soffen wiara Heisltschick im Straßengraben liegt, mit der Kloschüssel kuschelt oder auf die Lebertransplantation wartet.

Die Moral von der Geschicht: Zu viel des Guten ist ned leiwand. Das gilt auch für andere Zeitvertreibe als das Saufen, zum Beispiel das Futtern und das Schnackseln.

In diesem Sinne: Prost!

# LAND DER BERGE,
# LAND DER TSCHECHERANTEN

Es ist kein besonders großes Geheimnis, dass Otto Normal-Österreicher dem Wein und dem Bier alles andere als abgeneigt ist. Immerhin gehören Heurige und Gasthäuser zu Österreich wie die Henne zum Ei oder die Panier zum Schnitzel. STADTBEKANNT hat sich angeschaut, wie viel Alkoholisches hierzulande tatsächlich durch die durstigen Kehlen gluckert, und was Wien in dieser Hinsicht auszeichnet …

# ALKOHOLGENUSS IN ZAHLEN

Der durchschnittliche Österreicher trinkt **106,1 Liter** oder **212 Krügerl Bier** im Jahr. Da die Statistik nicht um Kinder, Kranke und Nicht-Biertrinker bereinigt ist, kann man davon ausgehen, dass das tägliche Krügerl für viele eher die Norm als die Ausnahme darstellt. (Daten von 2017)

## BELIEBTE SOMMERDRINKS

Die begehrteste alkoholhaltige Sommer-Erfrischung im ganzen Land ist **1. Bier**, gefolgt von **2. weißem Spritzer** und **3. Hugo**.

## SCHLUCKSPECHTE

Männerhaushalte geben um **76%** mehr Geld für Alkoholisches aus als Frauenhaushalte.

## TRINKFREUDIG

Im Durchschnitt investiert ein Wiener Haushalt rund 31,- Euro monatlich in alkoholische Getränke.

# WIE DER WIENER WIRKLICH TRINKT

Trinken will gelernt sein – oder zumindest geübt. Wie und seit wann der Wiener zu seinem Tropfen (oder auch zu seinem Rausch) kommt, welch urtypisches Vokabular der Wiener für das Saufen entwickelt hat und was man sonst noch über Wiener Trinkkultur wissen sollte.

# PROST IN WIEN
## Der Mensch und der Rausch.
## Eine kurze Kulturgeschichte.

Ein Glaserl Veltliner beim Heurigen, ein paar Krügerl mit Freunden, eine Schnapserl-Runde auf der Firmenfeier, ein Cocktail in der Strandbar - der gelernte Wiener lässt ungern eine Gelegenheit aus, sich ein alkoholisches Getränk zu genehmigen.

Geschichtlich gesehen ist die Vorliebe der Menschheit für den Stoff mit dem feinen Namen Ethanol aber nichts Neues: Homo Sapiens konnte weder lesen noch schreiben, als er bereits Bier braute und Wein trank. Ägyptische Pharaonen genossen ihr Bier aus Datteln und Gerste, römische Soldaten zechten mit süßem Wein, mittelalterliche Mönche gönnten sich Haferbier als tägliche Fastenspeise. Ob Lord, Lady, Bürger, Bauer oder Wiener Wäschermädel - kaum jemand verschmähte in der Regel einen guten Drink. Alkohol als Genuss- und Rauschmittel ist seit grauer Vorzeit Teil der mitteleuropäischen Alltagskultur.

## WARUM TRINKEN WIR ÜBERHAUPT SO GERNE ALKOHOL?

Die einen sagen, es seien die im Glaserl Wein enthaltenen Glückshormone Dopamin und Endorphin, die uns unterschwellig zum Saufen verleiten - eine sehr wissenschaftliche Sichtweise. Andere sagen, der Hauptgrund für's Saufen sei die rundum verdorbene und spaßbefreite Welt, die nüchtern kaum zu ertragen ist. Dafür spricht, dass die Zeiten (subjektiv) nie wirklich gut sind und Betrunkene tatsächlich mehr und lauter lachen als Nüchterne. Wieder andere sind der Meinung, der Alkohol sei so etwas wie eine Göttergabe, die kreatives Schaffen erleichtert und zwischenmenschliche Beziehungen und Intimität fördert. Zahlreiche Künstlerbiographien und Zelt-fest-Zeugungsstatistiken stützen diese These.

Welche Spekulation nun tatsächlich stimmt, ob an allen etwas dran ist, oder ob unsere Trinkmotivation doch gänzlich anders zu begründen ist, können wir hier nicht klären. Sehr wohl zu klären bleibt jedoch, was eigentlich die Wiener Trinkkultur auszeichnet …

## SAUFEN WIE EIN ECHTER WIENER
### Was, wo und wie die Wiener trinken
### Damals und heute

Wie in jeder Region dieser Erde hat sich rund um das Trinken auch in Wien eine spezielle Alltagskultur herausgebildet. Einige Wiener Lieblingsgetränke und damit verbundene Lokalitäten und Bräuche sollen hier vorgestellt werden:

### WIEN UND DER WEIN
Untrennbar mit Wien verbunden ist die Liebe zum Wein. Ähnlich wie Hans Mosers Reblaus trinken die Stadtbewohner diesen nur allzu gern - mitunter auch über den Durst hinaus. Besonders begehrt im Glasl waren und sind Weißweinsorten wie der Grüne Veltliner, der Riesling und der Weißburgunder.

Neuerdings hat auch Wiener Gemischte Satz, eine Mischung mehrerer Rebsorten, zahlreiche Liebhaber gefunden. Rund 640 Weinbauern und 180 Heurige sorgen heute noch dafür, dass die Wiener keinen Durst leiden müssen.

## DER HEURIGE - GEMÜTLICHER ORT DES GENUSSES

Weil der Wiener ungern alleine pipperlt, reicht die Geschichte der Weinstuben und Heurigen fast ebenso weit zurück wie die der Weinproduktion. Im Mittelalter war die Stadt völlig von Weingärten umgeben, wobei deren Besitzer das Recht hatten, ihren eigenen Wein auch an Gäste auszuschenken.

Als Kaiser Joseph II. den Wiener Weinbauern 1784 auch noch erlaubte, selbst erzeugte (kalte) Lebensmittel zu servieren, erlebte die Wiener Heurigenkultur einen gewaltigen Aufschwung: so zogen am Wochenende ganze Karawanen an genussfreudigen Städtern in die Vororte Nussdorf, Grinzing, Oberlaa, Stammersdorf, Ottakring, oder wie sie alle heißen, um dort bei Speis, Trank und Wienerlied eine gemütliche Zeit zu verbringen.

## AUSG'STECKT IS!

Da es in den Zeiten ohne Internet noch so eine Sache war mit den Öffnungszeiten, kündigte der Heurige mit Tannenreisig-Büscheln an, wann ausg'steckt, also geöffnet war. So wussten potentielle Gäste stets, wo es gerade jungen Wein gab! Die Tradition des „Aussteckens" hat sich mancherorts bis heute gehalten und wird vor allem in Wien gut gepflegt.

## DAS BEISL - KRÜGERLN FÜR DAS PROLETARIAT

Während der Heurige auf eine jahrhundertelange Geschichte zurückblicken kann, ist das Wiener Beisl eine verhältnismäßig junge Einrichtung. Es entstand im 19. Jahrhundert als Folge der Industrialisierung und Verstädterung. Die große Anzahl an beengt wohnenden Arbeitern ohne eigene Küche musste schließlich irgendwie verköstigt werden - da kamen die meist in Wohnhäusern und Kellern befindlichen Beisln gerade recht. Das Erfolgsrezept: einfache und bodenständige Wiener Küche, anspruchsloses Ambiente und leistbares Bier. Meist wurden über die Schank auch Lebensmittel des täglichen Bedarfs verkauft.

Nur wenige Beisln überleben heute noch mit dem simplen Rezept von damals. Veränderte Essgewohnheiten und Arbeitsverhältnisse zwangen viele alte Beisln zum Aufgeben - ersetzt wurden sie meist von Pizzerias und China-Restaurants. Gleichzeitig erfreuen sich gewisse „Nobelbeisln" und „Kultbeisln" über schier ungebremsten Zustrom.

## A STEHACHTERL IN EHREN ...

Ein anderes Relikt aus der Zeit der Industrialisierung sind die sogenannten Stehweinhallen und Branntweiner. Diese vor allem von Arbeitern frequentierten Lokale funktionierten nach dem Selbstbedienungsprinzip und boten billigen Wein, Bier und Spirituosen an Stehtischen. Später gab es auch Sitzplätze, doch das Prinzip blieb gleich: klein und einfach das Lokal, günstig und reichlich die Getränke.

Heute gibt es im Vergleich zu früher nur noch eine Handvoll klassischer Tschocherln. Mögliche Gründe für den Niedergang: einerseits gibt es immer weniger Wiener Hackler, die vor und während der Arbeit beim Wirten trangln, andererseits stirbt die alte, spiegeltrinkende Stammkundschaft langsam aber sicher aus. Eine Ära geht zu Ende.

## ALTE UND NEUE WEGE

Die Jungen von heute trinken anders und anderswo als die Generationen vor ihnen. Trotzdem scheint es nicht, als würde der Durst der Wiener in baldiger Zukunft nachlassen oder gar versiegen. Im Gegenteil.

Nach wie vor stehen der Heurige und das Wiener Beisl hoch im Kurs - doch haben beide nun Konkurrenz von der Cocktail-Strandbar, dem hippen Gin-Experten, dem Irish Pub mit Craft Bier Angebot oder dem romantischen Wein-und-Tapas-Lokal. Und das ist gut so. Sogar wir Wiener lieben doch ein bisschen Abwechslung!

„Noch a Achterl!"

„I bin so blunznfett"

„Der is so a Rauschkind"

## DAS WIENER SAUF-LEXIKON
**Wiener Wörter für wilden Weingenuss und dergleichen**

Wer in Wien auf an Ziaga geht, sollte nicht nur wissen, wie viel er tschechern kann, bevor er unter dem Tisch liegt, sondern auch, wieso ein Rüscherl nichts mit Damenwäsche zu tun hat, warum ein Blunznfetter nicht unbedingt blad sein muss, und weshalb ein Rauschkind kein betrunkenes Kind ist. Lest und lernt!

| | |
|---|---|
| **Achterl, n.** | 1/8 Liter Wein |
| **bechern** | „einen um den anderen Becher leeren", ergo: sich betrinken |
| **Beisl, n.** | typisch wienerisches Bier- und Weinlokal |
| **biaschtln** | gehörig saufen |
| **Biertippler, m.** | Biertrinker |
| **bladlwaach** | Steigerung von waach, „so weich wie ein Blatt" |
| **Blechweckal, n.** | Dose Bier, in der Funktion als „Jausenweckerl" |
| **blunznfett** | Steigerung von fett, „so fett wie eine Blutwurst" |
| **bsoffene Gschicht, f.** | meist peinliche Begebenheit, deren Akteure durchwegs nicht nüchtern waren |
| **Bsuff, im** | im Zustand der Trunkenheit |
| **Bsuff, m** | Alkoholiker |

| | |
|---|---|
| **bummzua** | extrem besoffen |
| **Damenspitz, m.** | leichte Form eines Schwipses |
| **fett** | besoffen / … wiara Radierer = besonders besoffen |
| **Fettn, in der** | im betrunkenen Zustand |
| **Fetzn, m.** | massiver Rausch, an … haben = stark betrunken sein |
| **Fluchtachterl, n.** | letztes Achterl (Wein) vor dem Nachhausegehen |
| **Flügerl, n.** | verleiht sicher keine Flügerl: Wodka mit Red Bull |
| **Ganslwein, m.** | Leitungswasser |
| **Glasl, n.** | Maßeinheit, ein Glas |
| **Gössermuskel, m.** | was für manche das „Sixpack", ist für andere der Bierbauch |
| **Gschloda, n.** | grausliches Getränk |
| **Gspritzer, m.** | 1. Spritzwein, 2. unangenehme, hochnäsige Person |
| **Hansl, m.** | lauwarmer, grauslicher Bierrest im Glas |
| **Heckenklescher, m.** | saurer, herber Wein, z.B. Uhudler |
| **Hirnprölla, m.** | „Hirnpreller", schlechter Wein oder minderwertiges Mixgetränk mit Kopfwehpotential |

| | |
|---|---|
| **Hopfenblüten-tee, m.** | euphemistische Bezeichnung für Bier, die den Eindruck eines gesunden Lebensmittels erwecken soll |
| **Hüüsn, f.** | „Hülse", Bierdose |
| | |
| **Kaiserspritzer, m.** | Spritzer mit einem Schuss Holundersaft |
| **Kracherl, n.** | Limonade |
| **Krüge(r)l, n.** | 1/2 Liter Bier |
| | |
| **Öö, im** | „im Öl", heftigst besoffen |
| **onbechern, si** | sich betrinken |
| **ondudlt** | betrunken |
| **ongflaschlt** | betrunken |
| **ogfüüt** | „abgefüllt", so betrunken, dass gar nichts mehr geht |
| **ogschitt** | „angeschüttet", ärgstens besoffen |
| **ongsoffen** | betrunken /… wiara Heisltschick = so vollgesogen mit Alkohol wie ein ins WC geworfener Zigarettenstummel mit Wasser |
| | |
| **paniert** | 1. mit Panier überzogen (siehe Schnitzerl) 2. betrunken |
| **Pfiff, m** | 0,2 Liter Bier |
| **pipperln** | immer wieder einmal biaschtln |
| | |
| **Radler, m.** | Mischgetränk aus Bier und Limonade (meist Zitrone) |

| | |
|---|---|
| **Rauschkind, n.** | unflätige Beschimpfung, „im Rausch gezeugtes Kind" |
| **Rauschkugel, f.** | Säufer, Spiegeltrinker |
| **Reparaturseidl, n.** | kleines Guten-Morgen-Bier (0,33l) am „Tag danach" |
| **restfett** | immer noch betrunken vom Alkohol des Vortages |
| **Rüscherl, n.** | Mischgetränk aus Cola und Rum |
| **saufen** | dem Alkohol täglich zusprechen |
| **Saufbruada, m.** | „Saufbruder", Trinkkumpan |
| **schledern** | schnell und hastig trinken |
| **schnapsln** | dem Genuss des Gebrannten frönen |
| **Schwips(erl), n.** | an … haben = eher geringe Alkoholisiertheit |
| **Schwül, m.** | an … haben = mittelmäßig betrunken sein |
| **Sechzehner-Blech, n.** | Dose Ottakringer Bier |
| **seidln** | nach Alkohol riechen, stinken |
| **Seiterl, n.** | 0,3 Liter Bier |
| **Sommer-spritzer, m.** | Spritzer mit größerem Wasseranteil |
| **Spitz, m.** | Schwips, leichter Rausch |
| **Spritzer, m.** | Weißwein mit Mineralwasser gespritzt |
| **Stamperl, n.** | Maßeinheit, meist 2cl |
| **Stehachterl, n.** | ein Achterl Wein, im Stehen genossen |

| | |
|---|---|
| **Trangla, m.** | Trunkenbold, Alkoholiker |
| **trangln** | regelmäßig saufen |
| **tschechern** | über den Durst trinken |
| **Tschecherant/-in, m./f.** | Alkoholiker/in |
| **Tschocherl, n.** | kleines Beisl, meist grindig und Alkoholiker-Treff |
| **Tschopperlwossa, n.** | nicht alkoholisches Getränk, Limonade, von Tschopperl = Kind |
| **Vierterl, n.** | ¼ Liter Wein |
| **waach** | stark alkoholisiert |
| **waachgsoffen** | alkoholisiert, dement aufgrund von Alkoholismus |
| **wischaln** | urinieren |
| **Wöön, auf da** | „auf der Welle", konstant wohlig betrunken |
| **Ziaga, m.** | „auf an Ziaga gehn" = saufend um die Häuser ziehen (der Brite würde es wohl „Pub Crawl" nennen) |
| **zwitschern** | Alkohol trinken |

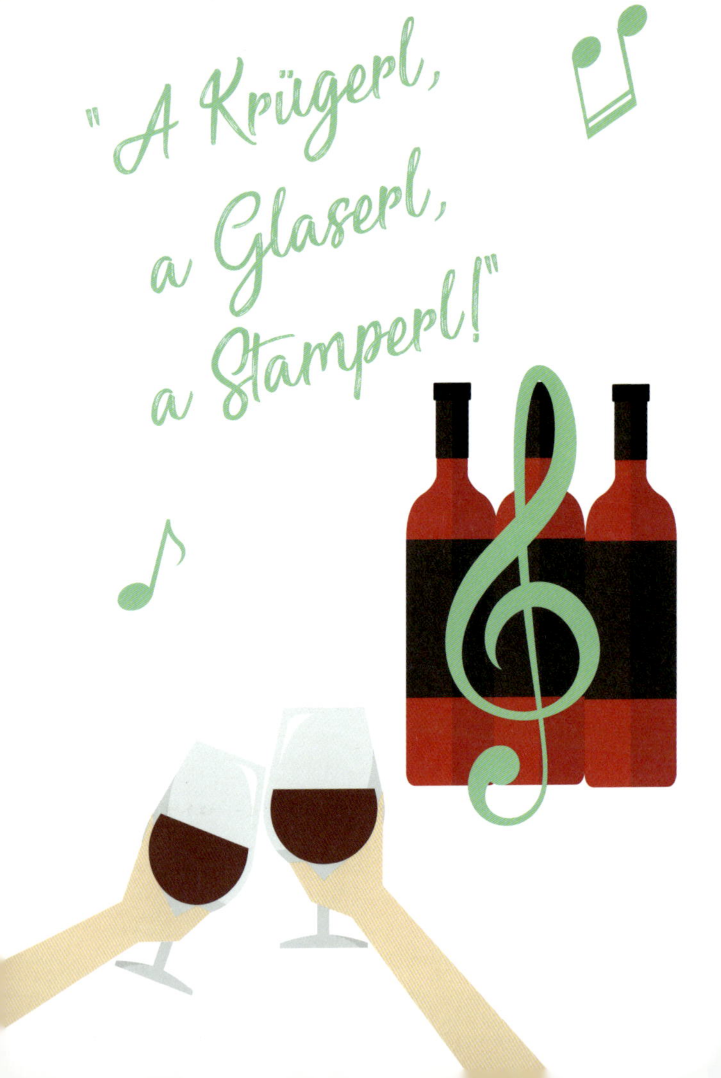
"A Krügerl,
a Glaserl,
a Stamperl!"

# HEUT BIN I WIEDER FETT WIARA RADIERER ...
## WIENERLIEDER ÜBERS SAUFEN

**Viele Wienerlieder handeln von Rausch, Exzess und alkoholinduzierter Katastrophe, gespickt mit Hinweisen auf den Tod und die Liebe. Eine seltsame Mentalität ist hier am Werk - und selten kommt sie unverfälschter zum Ausdruck als in Form von Musik!**

„DIE REBLAUS" - HANS MOSER
Ein wahrer Klassiker. Im säuselnd-nasalen Tonfall eines gehörig angedudelten Wieners besingt Hans Moser das Leben eines Spiegeltrinkers, der sich als Reinkarnation einer stets weindurstigen Reblaus wähnt. „I muaß im frühern Lebn eine Reblaus gwesen sein... sonst wär' die Sehnsucht nicht so groß nach einem Wein" heißt es da etwa, und zum Abschluss: „Waun i stirb, bitteschön, mecht i a Reblaus wieda werdn." Übrigens: Die Reblaus ist zwar ein Schädling, aber dank diesem Lied auch wieder denkmalwürdig. Am Weinwanderweg in Neustift am Walde grüßt sogar eine metallene Reblaus den Wanderer!

**Weisheit 1: Ob Reblaus, Schluckspecht oder Schnapsdrossel - auch Tiere mögen Alkohol.**

## „SIEBDSEN KÖNA" - KOLLEGIUM KALKSBURG

Das Lied vom alten Ottakringer, der sein Lebtag nur säuft und auch gedenkt, das weiterhin zu tun, obwohl ihm vor lauter krank und weh schon „jedes Glasl aus da Haund foit", ist zugleich eine Hommage an den Heurigen als auch eine weinerliche Ode an das langsam zu Ende gehende Alkoholikerleben. „I laan nur do und wischal ma ins Gwand", singt der Ottakringer, und, nicht ohne Stolz: „Die Leit wer'n sogn wenn's mi aussetrogn, secht's do fian's an Ottakringa ham."

**Weisheit 2: Echte oide Ottakringer strecken im Gasthaus de Patschn und machen so einen stilvollen Abgang.**

## „A KRÜGERL, A GLASERL, A STAMPERL" - HELMUT QUALTINGER

Bitterböse und mit gelungenen Spitzen in Richtung Politik und Gesellschaft besingt Qualtinger den verherrlichenden Umgang der Wiener mit dem Alkohol. Der Protagonist dieses Liedes versäuft täglich seinen Lohn, überfährt im Vollrausch Passanten („na wenn schon, s'is a Kavaliersdelikt"), ruiniert sich die Leber, versäuft das Krankengeld und verdrischt seine Frau. „I bin in mein Himmel, und dann geh i speibm", gesteht er. Das Lied ist fröhlich, doch es macht unmissverständlich klar, wie deppert die soziale Erwünschtheit des Saufens eigentlich ist. Seligkeit und Elend liegen halt doch sehr nah beinand.

**Weisheit 3: „Hab ich das nötige Quantum drin, dann**

merk i ned, was für ein Trottel ich bin."
**Oder: G'scheiter wird man vom Saufen selten, auch wenn die eigene Einbildung einem was anderes suggeriert.**

„FETT WIARA RADIERER" - GEORG DANZER

Ein hundsgemeines Lied über den Einfluss des Saufens auf die Eigen- und Fremdwahrnehmung. „Im Öö" kommt dem Protagonisten seine „zum fiachtn" schiache Frau beinah vor wie „Miss Vienna" - und er ist sogar lieb zu ihr. „I sauf mi täglich an in ana Tour... des is dei ollabeste Schönheitskur!" heißt es zum Schluss. Von einem erfüllten Eheleben kann man da kaum reden, dafür aber von einem handfesten Beispiel, wie Alkoholiker ihre Sucht als zweckgebundene und sinnvolle Tätigkeit tarnen.

**Weisheit 4: Man kann sich Leute - und das Leben - auch schönsaufen. Ob das allerdings gscheit ist, erfährt man erst, wenn man wieder nüchtern ist.**

„JAJA, DER ALKOHOL" - EAV

Der „nudelfette" Franz ist der Star dieses Austropop-Liedes über den Suff. Besonders amüsant (und auch grauslich) ist die Episode, als der Franz dem Taxler buchstäblich ins G'nack speibt und ihn dann tadelt: „Heast, do stinkt's noch Slivovitz... saufst du beim Foan, oda wos?" Wo er wohnt, weiß der Franz auch nicht mehr - ob er im Taxi übernachten darf oder ob er doch noch heim findet, bleibt ungeklärt.

**Weisheit 5: Der Alkohol ist „sehr beliebt, weil es nichts schöneres gibt, wenn man b'soffen wie ein Heisl- tschick nicht weiß wer man ist und wie man heißt."**

## „MEI NASERL IS SO ROT WEIL ICH SO BLAU BIN" - HANS MOSER UND PAUL HÖRBIGER

Aus alt und grau mach jung und fröhlich. Wie das geht? Na sicher, mit einem Flascherl Wein! Weil das Naserl am Ende der Zecherei gar so leuchtend rot ist, weichen dem B'soffenen am Heimweg sogar die Autos aus („de glaubm dass ich ein Stopplicht bin"). Fazit: Ein Wienerlied, dass sich mit jeweils einer Prise Kitsch und Humor der weinseligen Heurigenkultur widmet. Gesungen wurde der Klassiker aus dem Film „Ober, zahlen!" (1957) übrigens schon von zahlreichen Interpreten, darunter den Austropoppern von Austria 3.

**Weisheit 6: Nicht alle Roten Nasen gehören zu einer Charity-Organisation für kranke Kinder.**

### Wo bleiben die saufenden Frauen?

Wien, Samstagnacht, ein beliebiges Wirtshaus. Männer und Frauen tschechern hier gleichermaßen eifrig. Im Wienerlied sind die trinkenden Frauen jedoch kaum anzutreffen. Warum? Vielleicht, weil die Weinseligkeit beim Heurigen und der damit verbundene hoffnungslose Suff früher eher eine Männerdomäne war und das Wienerlied als Genre doch stark dem Vergangenen anhängt. Vielleicht aber auch, weil besoffene Frauen nach wie vor ein Tabu sind. Gleichberechtigung, wo bleibst du?

# UNNÜTZES
# SAUFWISSEN

Warum hat das Spritzerglas einen Henkel? Was hat der Österreichische Staatsvertrag mit der Reblaus zu tun? Was hielt Kaiserin Sisi vom Weingenuss? Diese und viele weitere Fakten sollen hier geklärt werden ...

# HISTORISCHES, KURIOSES UND UNNÜTZES ÜBER WIEN UND DEN WEIN

**Was wäre ein STADTBEKANNTES Büchlein, gäbe es da nicht auch ein paar Unnütze Fakten. Diesmal dreht sich alles um Wien und die Trinkerei.**

## DURSTIGER DICHTER

Johann Wolfgang von Goethe schätzte guten Wein und trank gerne und viel davon. Gut zwei Liter - das entspricht beinahe 3 Flaschen - gönnte sich der Dichter täglich.

## BRAUVIELFALT

In Österreich werden an rund 235 Braustätten über 1.000 verschiedene Biere gebraut. Zum Vergleich: 1990 gab es nur 63 Braustätten.

## WIENER WEIN

Auch wenn man es kaum für möglich hält - Wien verfügt über 700 Hektar Rebfläche! Begehrte Weinbaugebiete Nussberg, Bisamberg, Maurerberg und Laaer Berg - aber auch in Ottakring, Hernals und Pötzleinsdorf finden sich zahlreiche Weingärten. Der Ertrag des Wiener Weinbaus kann sich mit 26.284 Hektolitern ebenso sehen lassen: umgerechnet in 0,75l Weinflaschen sind das rund 3,5 Millionen Flaschen!

## ZWUTSCHGERL

Der kleinste Weingarten Wiens befindet sich am Schwarzenbergplatz vor dem Palais Wiener von Welten und misst knapp

100 m2. Rund 160 kg Gemischter Satz werden hier jährlich gelesen!

## 10ER MARIE

Der Heurige 10er Marie in der Ottakringer Straße ist der älteste Heurige Wiens – seit 1740 bietet das Lokal Hungrigen und Durstigen eine Anlaufstelle. Gastgarten, reichlich Wein und Heurigenmusi inklusive!

## NA, PROST MAHLZEIT!

Die alten Ottakringer dürften durchaus nicht am Trockenen gesessen sein: Stolze 103 von 130 Häusern verfügten gegen Mitte des 19. Jahrhunderts über eine Schankberechtigung.

## DIE REBLAUS-LEGENDE

Der Mythos erzählt, dass die Österreicher bei der Aushandlung des Staatsvertrages 1955 mit den Russen zu einer besonders schlauen Strategie gegriffen haben: Sie servierten reichlich Wein, und der trinkfeste Außenminister Leopold Figl stimmte kurzerhand das Heurigenlied von der „Reblaus" an. Leider ist wenig dran an der Geschichte: Figl war nämlich am Abend der Verhandlungen derart betrunken, dass er sich schon bald ins Bett legte, während die anderen weiter verhandelten.

## WARUM ZUM HENKEL?

Das echte Wiener Weinglas (¼) hat einen Henkel, weil man früher beim Heurigen auch fettigste Speisen ausschließlich mit den Fingern verzehrte. Ein Glas ohne Henkel hätte wohl nach kürzester Zeit furchtbar ausgeschaut ...

## „JAGEN STATT SAUFEN"

Dieses Angebot machte Kaiserin Maria Theresia den Mitgliedern der k.u.k. Hofmusikkapelle, nachdem diese besonders eifrig dem Alkohol zusprachen. Zur „Zerstreuung" erhielten die Musiker das Privileg, sich zwischen Döbling und dem Kahlenberg „ungehindert mit der Jagd auf Wachteln, Rebhühner, Hasen u.a. zur niederen Jagd zählendem Wilde zu vergnügen."

## SCHUBERT, DER TSCHECHERANT

Der Komponist Franz Schubert und seine Freunde wussten einen guten Tropfen beim Heurigen durchaus zu schätzen. Sein Kumpel schrieb 1928 ins Tagebuch, mit Schubert und zwei weiteren Freunden in Grinzing gezecht zu haben. Das Ergebnis: „Alle vier rauschig, besonders Schubert."

## BEZAHLUNG IN MUSIK

Franz Schubert liebte seine allabendlichen Gasthaus- und Heurigenbesuche so sehr, dass beinahe sein ganzes durch Unterricht und Kompositionen verdiente Geld dafür draufging. Der Legende nach komponierte er sogar direkt am Wirtshaustisch - und bezahlte die sonst offen gebliebene Zeche mit einem Lied!

## BLEIHALTIGER WEIN

Um Ludwig van Beethovens Tod ranken sich immer noch zahlreiche Mythen. Man vermutet jedoch, dass billiger, mit Bleizu-cker (!) versetzter Weißwein neben einer Leberzirrhose infolge übermäßigen Alkoholkonsums die Hauptursachen für sein Ab-leben mit nur 56 Jahren waren.

## ERSTES ALKOHOLVERBOT

Während Ex-Bürgermeister Michi Häupl den Satz „Man bringe den Spritzwein!" prägte, setzt sein Nachfolger Michi Ludwig auf Prohibition: am Praterstern darf seit 27.4.2018 außerhalb von Gastro-Betrieben kein Alkohol mehr getrunken werden!

## GRINZING

Der Name des Grätzls Grinzing bedeutet auf Altbairisch: „bei jenen, die zu einem Mann namens Grinzo gehören".

# LUST AUF UNNÜTZES WISSEN?

Historisches, Kurioses und Unnützes über Wien findet ihr auf www.unnuetzeswissen.eu - Skurril, witzig, unterhaltsam!

# WAS GEISTIGE GRÖSSEN ÜBER HOCHGEISTIGES ZU SAGEN HATTEN

**Schon die alten Ägypter frönten dem Alkoholgenuss, und auch die Griechen rund um Sokrates pipperlten gehörig. Fakt ist: Die Liebe zum Hochgeistigen zieht sich quer durch alle Epochen und Kulturen.**

Doch warum genau? Ist Alkohol eine grausame Plage, oder doch eher eine segensreiche Unterstützung auf dem Weg durch die Mühen des Alltags? Wir haben uns angeschaut, was Prominente und Geistesgrößen quer durch die Geschichte vom Alkohol gehalten haben.

*„Man bringe den Spritzwein!"*
*„Das einzig Grüne, was ich mag, ist der Grüne Veltliner."*
**Michael Häupl, Ex-Bürgermeister von Wien**

*„Für mich keine Liebe / Für mich keinen Wein*
*Die eine macht übel / Der and're macht spei'n!"*
**Kaiserin Elisabeth aka Sisi, Hobby-Dichterin und Weinverächterin**

*„Ich bin kein Alkoholiker. Aber vielen gefällt die Vorstellung, dass ich ständig im Öl bin."*
**Wolfgang Ambros, Austropop-Star**

*„Wer Trinken, Rauchen und Sex aufgibt, lebt auch nicht länger. Es kommt ihm nur so vor."*
**Sigmund Freud, Seelendoktor und Genießer**

*„Mei Bier is ned deppert!"*
**Mundl Sackbauer, Urwiener und Bier-Philosoph**

*„Solang der Österreicher Bier und Würstel hat, revoltiert er nicht."*
**Ludwig van Beethoven, Komponist und Wien-Kenner**

*„Es hat keinen Sinn, Sorgen in Alkohol ertränken zu wollen, denn Sorgen sind gute Schwimmer."*
**Robert Musil, Schriftsteller**

*„Die Mentalität der Österreicher ist wie ein Punschkrapfen. Außen rot, innen braun und immer ein bisschen betrunken."*
**Thomas Bernhard, Schriftsteller**

*„Milch ist für Babys. Wenn du erwachsen bist, musst du Bier trinken."*
**Arnold Schwarzenegger, Kraftprotz, Schauspieler und Philosoph**

*„Der größte Feind des Menschen wohl, ist und bleibt der Alkohol. Doch in der Bibel steht geschrieben, du sollst auch deine Feinde lieben."*
**Alte Weisheit**

# SHOPS RUND
# UMS SAUFEN

# BRAUEREIEN

## HAUSGEMACHTE WIENER BIERSPEZIALITÄTEN

## 1. BEZIRK
### Innere Stadt

1516 BREWING COMPANY
Schwarzenbergstraße 2

## 3. BEZIRK
### Landstraße

SALM BRÄU
Rennweg 8

## 6. BEZIRK
### Mariahilf

MUTTERMILCH BREWERY
Gumpendorfer Straße 35

## 4. BEZIRK
### Wieden

WIEDEN BRÄU
Waaggasse 5

## 9. BEZIRK
### Alsergrund

BEAVER BREWING COMPANY
Liechtensteinstraße 69

LICHTENTHALER BRÄU
Liechtensteinstraße 108

## 7. BEZIRK
### Neubau

7 STERN BRÄU
Siebensterngasse 19

THE HIGHLANDER
Sobieskiplatz 4

# 10. BEZIRK Favoriten

BRÄUHAUS TEN.FIFTY.
Absberggasse 27/17

# 14. BEZIRK Penzing

MEDL BRÄU
Linzer Straße 275

# 16. BEZIRK Ottakring

OTTAKRINGER BRAUEREI
Ottakringer Platz 1

BRAUWERK WIEN
Ottakringer Platz 1

XAVER BRAUEREI
Hasnerstraße 14

# 19. BEZIRK Döbling

FISCHER BRÄU
Billrothstraße 17

Österreichweit gibt es 235 Braustätten - 16 davon befinden sich in der Bundeshauptstadt. Mit der Ottakringer Brauerei kann Wien mit einer der größten Brauereien Österreichs aufwarten.

# 22. BEZIRK Donaustadt

BRÄU & RESTAURANT
ROTER HIASL
Biberhaufenweg 228

# 23. BEZIRK Liesing

100 BLUMEN BRAUEREI -
1230
Endressstraße 18

# CRAFT BIER GESCHÄFTE
## Gutes für die Gourmets unter den Biergenießern

Es muss nicht immer Bier aus dem Supermarkt sein: ab und zu sehnen wir uns doch alle nach etwas Speziellem. Ob isländisches Toasted Porter, Wiener Pale Ale oder bodenständiger Weizenbock - der Feinschmecker schätzt Abwechslung im Glas! Zum Glück gibt es in Wien ein breites Angebot an Bier-Fachgeschäften ...

## BEERLOVERS - ALL ABOUT CRAFT
Gumpendorfer Straße 35, 1060 Wien

Bier mit Schokolade-, Speck-, Karamell- oder Erdbeeraroma? Kein Problem! Bei BeerLovers in der Gumpendorfer Straße gibt es nichts, was es nicht gibt. Über 1500 Sorten Craft Bier aus 14 verschiedenen Ländern machen einem die Wahl nicht gerade leicht. Praktischerweise kann man auch bequem von zu Hause bestellen - der Onlineshop www.BeerLovers.at macht es möglich!

## BREW AGE
Mittelgasse 4, 1060 Wien

Die kleine, aber äußerst erfolgreiche österreichische Biermarke Brew Age dürfte vielen Craft Bier Fans ein Begriff sein - weniger bekannt ist, dass das Brew Age Team auch ein Geschäft in Wien betreibt. Neben eigenen Bieren - empfehlenswert ist etwa das Pale Ale namens „Hopfenauflauf" - bekommt man hier auch Produkte von der guten Konkurrenz. Eine heiße Adresse für Bierfreunde!

## BIERGREISSLER
Lederergasse 4, 1080 Wien

Klein, aber oho! Mitten im Achten befindet sich dieser freundliche Bier-Shop von Herrn Gaspar, der über 500 verschiedene Craft Bier Sorten führt. Dazu gibt es fachkundige Beratung und die Möglichkeit, Biere direkt im Geschäft zu probieren. Um die besten Biere zu entdecken, scheint der Biergreissler keine Mühen zu scheuen - definitiv ein heißer Tipp für exklusive und seltene Biere!

## BEER STORE VIENNA
Wilhelmstraße 23, 1120 Wien

Als Pionier im Craft Bier Bereich überzeugt der Beer Store Vienna mit einem guten Sortiment aus nationalen und internationalen Bieren. Eine Besonderheit: Hobby-Braumeister erhalten hier fachkundige Beratung (sämtliche Verkäufer sind Bier-Sommeliers) und Zubehör für ihre eigenen Brauversuche! Verkostungen und Events rund um das Thema Bier runden das Angebot ab.

## MALEFITZ BIERFACHGESCHÄFT
Meidlinger Markt Stand 37-40, 1120 Wien

Mitten am Meidlinger Markt finden Bierliebhaber ihr kleines Paradies: in dem liebenswert-hip eingerichteten Standl erwartet einen nämlich Biergenuss vom Feinsten. Und das nicht nur zum Mitnehmen und daheim-trinken, sondern auch zum gleich-dort-vernaschen. Ein Shop bzw. Lokal, das zum Verweilen einlädt!

## OTTAKRINGER SHOP
Ottakringer Straße 91-93, 1160 Wien

Anders als der Name vermuten lässt, gibt es hier bei weitem nicht nur Ottakringer und Merchandising-Artikel zu erstehen, sondern auch jede Menge Craft Bier! Besonders empfehlenswert sind die vier Sorten der hauseigenen Kleinbrauerei Brauwerk. Und wer nach dem Einkaufen noch Durst hat, schaut einfach eine Gasse weiter bei der Ottakringer Brauerei vorbei und gönnt sich ein Bier in der Sonne ...

## BIERPLUS
www.bierplus.at

Feine Craft Biere bequem von daheim vor die Haustür bestellen kann man über Bierplus. Der österreichische Versandhandel hat 95 österreichische Biere im Sortiment und bietet einigermaßen Ausgefallenes für jeden Geschmack: neben „Silberpfeil", „Tausendsassa" und „Kürbiskernbier" gibt es hier sogar „Dunkle Materie"...

# VINOTHEKEN
## Edle Tropfen für den Hausbedarf

Nur eine simple Buchstabenverdrehung trennt Wien vom Wein. Kein Wunder, dass Wiens Bewohner stets eine gute Flasche Wein in ihrer Nähe wissen wollen! Wer weiß denn schon, ob nicht einmal spontan Besuch ins Haus schneit? Ob Rot, Weiß oder Rosé - Wiens Vinotheken haben bestimmt das richtige Flascherl auf Lager!

## VULCANOTHEK
Palais Ferstel Passage / Herrengasse 14, 1010 Wien

Versteckt in der Passage des Palais Ferstel liegt der steirische Genusstempel mit dem klingenden Namen Vulcanothek. Hier gibt es nicht nur genial g'schmackigen Rohschinken und Würste vom steirischen Schweinderl, sondern auch reichlich Weine zu erstehen. Eine gute Kombination - denn was passt besser zu einem Glaserl Rotwein als hauchdünn geschnittener Schinken?

## VILLON
Graben 19, 1010 Wien

Eine besondere Art von Vinothek befindet sich in der Habsburgergasse im ersten Bezirk. Im Weinkeller Villon kann Wiens Untergrund ausgiebig erforscht werden. Der "History Keller" ist gefüllt mit zahlreichen Weinen, die selbstständig verkostet und anschließend gekauft werden können. Auch die Geschichte des Kellers wird den Besuchern mittels Audio Guide nähergebracht. Für Gruppen finden immer wieder auch Führungen und Verkostungsabende statt.

## WEINBAR MEINL AM GRABEN
Graben 19, 1010 Wien

Auch die Weinbar im Meinl am Graben besticht durch ein umfassendes Sortiment. Vielleicht ist es nicht so ausladend wie bei Wein&Co, dafür aber glänzt es durch Qualität. Meinl grenzt sich durchaus von der Konkurrenz ab, man findet hier viele kleinere Weingüter, die selten so übersichtlich angeboten werden.

## WEIN & CO AM STEPHANSPLATZ
Jasomirgottstraße 3, 1010 Wien

In mittlerweile sieben Filialen bietet Wein & Co anfängerfreundliche Beratung und guten Wein aller Preisklassen, Sorten und Herkunftsregionen. Zusätzlich kann man sich hier auch getrost im Bar- oder Restaurantbereich niederlassen und genüsslich das eine oder andere Glaserl leeren. Besonders empfehlenswert ist der riesige Flagship-Store von Wein & Co am Wiener Stephansplatz.

## BURGENLAND VINOTHEK
Baumannstraße 3, 1030 Wien

Wer sich nicht viel aus italienischen, französischen oder Neue-Welt-Weinen macht, sondern am liebsten burgenländischen Rebensaft zu sich nimmt, wird in der Burgenland Vinothek sein Eldorado finden. Sortiert nach den einzelnen Anbaugebieten ist hier wirklich fast jedes Weingut vom Neusiedlersee über das Leithagebirge bis hinab ins Südburgenland vertreten. Weingenießer locken zudem regelmäßige Weinverkostungen.

## EULENNEST
Operngasse 30, 1040 Wien

Das Eulennest ist zugleich Enoteca nach italienischem Vorbild und Weinbar: ob zum gemütlichen Einkaufen oder zum Verweilen bei einem Glaserl Wein - dieser Ort lädt zum Wohlfühlen ein! Damit niemand Hunger leidet, werden hier auch feinköstliche Spezialitäten wie Prosciutto und aromatische Salami aus Italien, perfekt gereifter Käse aus Österreich und Frankreich, sowie kleine Pasta- und Tapas-Gerichte kredenzt.

## VINOTHEK LA CAVE
Bacherplatz 12, 1050 Wien

In der Vinothek la Cave kommen vor allem Liebhaber des Französischen Weins auf ihre Kosten. Das geräumige Geschäft ist gefüllt mit Weinen aus allen Regionen und wer sich hinsichtlich der Auswahl noch unschlüssig ist - die erstklassige Beratung hilft stets weiter! Die Weinspezialisten Catherine Sajus und Michael Klonfar führen zudem regelmäßig Verkostungen durch, bei denen sie die besten und neuesten Tropfen ihrer Weinreisen präsentieren.

## VINOE
Piaristengasse 35, 1080 Wien

Über 400 erlesene Weine von etwa 100 Winzern aus Niederösterreich werden im VINOE in der Piaristengasse angeboten. Etwas besonderes hier sind außerdem die Verkostungen, die für Gruppen bis zu 16 Personen angeboten werden. Wer um 50,- Euro einkauft, bekommt den Preis für die Verkostung gutgeschrieben. Praktisch, sympathisch und regional!

## WEINBAR SCHWIRTZ
Währinger Straße 76, 1090 Wien

Nicht nur vor dem Besuch der Volksoper zu empfehlen ist die Weinbar Schwirtz: hier gibt es nebst vorzüglichen Weinen nämlich auch hervorragendes Essen, unter anderem in Form der hausgemachten Feuerflecken. Beim Weinsortiment hat man sich bei Schwirtz vor allem den heimischen Traubenerzeugnissen verschrieben, die man in heimeliger Atmosphäre direkt im Lokal verkosten kann. Selbstverständlich können sämtliche Weine auch für zu Hause eingekauft werden.

# GIN & WHISKY SHOPS
## Wo das Wasser des Lebens fließt

Ein edler Brand aus Wacholder und Gewürzen? Oder lieber eine gute Flasche Whisky schottischer Provenienz? Der Andrang auf die beiden traditionsreichen wie stilvollen Getränke scheint ungebrochen. Auch in Wien sind Liebhaber tagtäglich auf der Suche nach den besten Tropfen - und hier gibt es einige Empfehlungen.

## GRAND WHISKY / GRAND CRU
Schleifmühlgasse 15, 1040 Wien | Kaiserstraße 67, 1070 Wien

Feinköstliches für das Glas gibt es bei diesen Geschäften zu erstehen. Während Grand Whisky im Freihausviertel einen eher flüssigen Schwerpunkt hat, gibt es im Grand Cru auch viele essbare Spezialitäten - ideal also für Gourmets und alle, die auf der Suche nach einem anspruchs- und geschmackvollen Geschenk sind! Übrigens: bei Grand Whiskey gibt es immer wieder Blindverkostungen von Gin, Whisky und Rum. Aktuelle Termine und Preise sind der Homepage zu entnehmen …

## DAS TORBERG DER LADEN
Strozzigasse 47/2, 1080 Wien

Neben über 550 Gin-Sorten aus aller Welt und 23 verschiedenen Tonics begeistert der an die gleichnamige Bar angrenzende Torberg Laden auch mit einem netten Angebot an Champagner, Whisky und Rum. Praktischerweise kann man sämtliche in der Bar verkostete Getränke auch gleich für zu Hause mitnehmen - der Laden hat nämlich Di - Sa von 17:00 bis 3:00 Uhr nachts offen!

## POTSTILL
Laudongasse 18, 1080 Wien

Als „Austria's finest Whisky Store" hat sich das Potstill seinen Schwerpunkt auf schottische Single Malt Whiskys gelegt. Weit über 1.000 hochkarätige Produkte vertreibt das Fachgeschäft, das sich in der Whisky-Szene einen hervorragenden Ruf erarbeitet hat. Wer das ganz Besondere sucht und individuelle, kompetente Beratung zu schätzen weiß, ist hier an der richtigen Adresse.

## KILLIS GETRÄNKEHANDEL
Fenzlgasse 9, 1150 Wien

Eine wahrlich beeindruckende Auswahl an Spirituosen von A wie Anisschnaps bis Z wie Zitronenlikör gibt es bei Killis, dem supermarktgroßen Getränkehändler im Fünfzehnten. Über 360 Gin-Sorten und über 660 Whiskys warten hier auf Kundschaft! Mit elegantem Ambiente kann der Getränkegroßmarkt zwar nicht aufwarten, dafür passt das Preis-Leistungs-Verhältnis. Bequeme Gemüter müssen zum Einkaufen bei Killis nicht einmal das Sofa verlassen: auf www.killis.at kann man sämtliche Getränke auch online bestellen.

## VOM FASS
Brandstätte 5, 1010 Wien | Siebensterngasse 46, 1070 Wien

Den meisten wird das Geschäft Vom Fass in Bezug auf exquisite Öle und Essige ein Begriff sein - dass es hier auch Spirituosen vom Fass gibt, mag eher überraschen. Angeboten werden größtenteils Whiskys, Liköre und Grappa-Sorten, wobei Wert auf solide Qualität und gute Beratung gelegt wird. Dank Refill-Prinzip (die Glasflasche vom 1.Mal kann stets wiederbefüllt werden) tut man sogar etwas für die Umwelt, wenn man hier einkauft. Originell und delikat!

## WEISSHAUS SHOP
www.weisshaus.at

Gin oder Whisky ohne viel Aufwand zu sich nach Hause zu bestellen hat seine Reize - vor allem dann, wenn der Onlineshop auch noch hervorragend über die einzelnen Produkte zu informieren weiß. Im Weisshaus Onlineshop gibt es Gins und Whiskys aller Preis- und Geschmacksklassen zu entdecken, Bewertungen können nachgelesen und verfasst werden.

# ALKOHOLISCHES FÜR ALLE SINNE
## Erlebnisführungen und Einblicke

Wie wird aus Obst eigentlich Obstbrand? Und welche Stationen durchläuft das Bier bis zur Abfüllung? Interessante Einblicke und erleuchtende Aha-Erlebnisse erwarten die neugierigen Liebhaber des alkoholischen Genusses in den Wiener Produktionsstätten und Museen …

## ALT WIENER SCHNAPSMUSEUM
Wilhelmstraße 19-21, 1120 Wien

Dieses familiäre Museum, das nur für angemeldete Führungen seine Pforten öffnet, ist ein wahrer Geheimtipp für Schnaps-Connaisseure und -Liebhaber: Schritt für Schritt wird man durch eine historische Schnapsbrennerei geführt und erfährt dabei Wissenswertes über das Handwerk und die Geschichte des Wiener Familienbetriebes, der bis heute Schnäpse produziert. Zum Glück, denn die abschließende Verkostung diverser Schnaps-Spezialitäten setzt jeder Führung die Krone auf! Auch der Museums-Shop kann sich sehen (und schmecken) lassen. Stichworte: knallrotes Wiener Blut, süßer Manner Likör, Absinth und flüssige Schokobanane.

## OTTAKRINGER BRAUEREI
Ottakringer Platz 1, 1160 Wien

Fast jeder biertrinkende Wien-Bewohner hat wohl schon einmal eine der unverwechselbaren gelben Ottakringer-Dosen in der Hand gehabt. Nur: Wie kommt das Bier eigentlich in die Dose bzw. Flasche? Erlebt in Wiens größter Brauerei, wie der Gerstensaft entsteht - und vergesst nicht, euch hinterher bei der Verkostung durch die breite Palette Ottakringer Biere und Craft Biere zu probieren! Tipp: das Rote Zwickl schmeckt besonders fein.

## SCHLUMBERGER KELLERWELTEN
Heiligenstädter Straße 39, 1190 Wien

Eine Tour durch den 300 Jahre alten Schlumberger Sektkeller empfiehlt sich für alle, die dem Geheimnis des feinperligen Wiener Sekts auf den Grund gehen möchten. Der Weg der Traube von der Rebe bis ins Glas wird hier auf anregende und spannende Weise nachgespürt, bis man an der letzten Station die Führung mit ein paar Verkost-Gläschen Schlumberger ausklingen lässt. Ein Museums-Shop mit allerlei edlen Tropfen und Geschenkartikeln rundet das Gesamterlebnis ab.

## WEINMUSEUM IM BEZIRKSMUSEUM DÖBLING
Döblinger Hauptstraße 96, 1190 Wien

Bereits seit über 2.000 Jahren wird in Wien Wein angebaut - eine Tatsache, der sich das Döblinger Bezirksmuseum in der ehemaligen Villa Wertheimstein mit einer ganzen Sammlung widmet! Archäologische Funde und Original-Exponate aus dem alten Wien lassen erahnen, wie wichtig die Traube und ihre Produkte seit jeher für die Stadt waren. Achtung! Geöffnet ist hier nicht allzu häufig - unbedingt vorher informieren!

## VIENNA CRAFT DISTILLERY
Johann-Weber-Straße 35, 1210 Wien

Gin made in Vienna hautnah erleben kann man ausgerechnet in der Weingegend Stammersdorf. Hier befindet sich nämlich die Vienna Craft Distillery. Für angemeldete Kleingruppen werden hier verschieden umfangreiche Gin-Workshops geboten, bei denen unter Anleitung des Meisters ein eigener Gin entworfen, gebrannt und abgefüllt wird - perfekt für die Individualisten unter den Feinschmeckern!

# Schnackseln
## wie ein echter Wiener

**Schnackseln wie ein echter Wiener**
**Die Besonderheiten des Wiener**
**Lust- und Liebeslebens**

Wien is ärger sexy, des is ka Schmäh.

Aus genau diesem Grund geht es in diesem besonderen STADTBEKANNT Guide auch um das, was sich unter den Bettdecken der Wiener und Wienerinnen abspielt. Schnackseln, wie die schönste Nebensache der Welt hier genannt wird, hat in Wien zahlreiche Spielarten, ebenso das Drumherum: Wien tickt, flirtet, datet, liebt und verkehrt in vielerlei Hinsicht einfach speziell!

Stadtbekannt.at
Schnackseln wie ein echter Wiener
128 Seiten • ISBN 978-3-902980-68-7 • € 12,99

# DER FLÜSSIGE LOKALFÜHRER FÜR WIEN

# AMERICAN BARS
## Stilvoll Trinken will gelernt sein

Wenn man einen Old Fashioned im Ledersessel trinken kann, die Zigarre perfekt ins Ambiente passt und der Barchef stilvoll gekleidet erscheint - dann ist man wohl in einer American Bar gelandet.

## LOOSBAR
Kärntner Durchgang 10, 1010 Wien

Die Cocktailbars der Cocktailbars. Das kleinste Fleckerl Bar, das man in Wien finden kann. Eine Legende an sich. Hier haben die meisten guten Barkeeper ihr Handwerk gelernt. Wer sich einmal in der Loosbar beweisen konnte, der darf getrost sagen, er hat was drauf. Ein Fleck für Touristen und Wiener gleichermaßen – wenn man denn einen Platz findet!

## JOSEF COCKTAIL BAR
Sterngasse 1, 1010 Wien

Stilvoll trinken geht selten so gut wie in der Josef Cocktail Bar. Die Bar im ersten Bezirk ist nobel ganz in Gold eingerichtet -

von den gepolsterten Barhockern über die edlen Gläser bis zu den Cocktailkreationen vermittelt einfach alles das Gefühl, sich an einem besonders schicken Ort zu befinden. Eine Besonderheit hier sind die „Bottled Cocktails" zum Mitnehmen und zuhause genießen.

## KRUGER'S
Krugerstraße 5, 1010 Wien

Edles Ambiente, ein Name der zur Straße passt und Cocktails höchster Klasse bietet die Kruger's Bar in der Krugerstraße. Die Auswahl ist wirklich umfassend, das Ambiente versetzt einen ganz in die 20er Jahre und im Hintergrund hört man Jazz- und Soul-Klänge, die das Ambiente der Bar gekonnt unterstreichen.

## FIRST FLOOR
Seitenstettengasse 5, 1010 Wien

Seit über 20 Jahren gehört das First Floor schon zu den Klassikern der Wiener Barkultur. Inmitten des Bermuda-Dreiecks gelegen ist das First Floor doch etwas anders als die meisten Bars in der Umgebung: vergeblich sucht man hier nach Fusel-Mixturen und billigen Alkoholgemischen, dafür stehen hochwertige Cocktails auf der Karte. Im Innenraum warten gepolsterte Stühle im American Bar Stil. Der absolute Hingucker ist übrigens das riesige Aquarium, das zwar keine Fische aber dafür viel Seegras beheimatet!

## ROBERTO
Bauernmarkt 11-13, 1010 Wien

Roberto's American Bar ist eine der wirklich stilvollen Bars in Wien - inklusive Kristallluster, dunklem Ambiente und charmanten Barmännern. Roberto selbst hat sein Handwerk in der Loosbar perfektioniert. Seine Professionalität spiegelt sich natürlich in der eigenen Bar wider. Jeden Tag ab 14:00 Uhr kann man den Tag hier hinter sich lassen und herrliche Cocktail-Variationen genießen. Also – rein ins schicke Kleid und an die Bar!

## DINO'S AMERICAN BAR
Salzgries 19, 1010 Wien

Dean Martin Fans werden sie bestimmt kennen: Die American Bar „Dino's" mitten im Bermuda-Dreieck. Hier wird bluesig-jazzige Musik gespielt, Holvertäfelungen vermitteln das klassische American Bar Feeling und die Crew ist sichtlich vertraut mit ihrer Arbeit. Cocktailtechnisch kommt man hier verhältnismäßig günstig weg (etwa 10,- Euro pro Cocktail). Bestellen sollte man bei Dino's jedoch definitiv einen Bourbon - davon gibt es nämlich eine beachtliche Auswahl!

## BARFLY'S CLUB
Esterhazygasse 33, 1060 Wien

Der Barfly's Club ist eine Cocktailbar, wo man am liebsten nur mit Taschenuhr und edlem Gehstock hinein möchte. Hier gibt es keinen Sex on the Beach, sondern Whiskey, Brandy und den Rest der edlen Tropfenfamilie. Trinken mit Stil. Jetzt fehlt nur noch die Zigarre. Ach nein, Moment – die gibt es ja auch!

## AGENT OSCAR
Zollergasse 5, 1070 Wien

Das Agent Oscar in der Zollergasse bringt hochqualitative Barkultur nach Neubau und bildet eine willkommene Alternative zu den vielen Hipsterlokalen in der Umgebung. Obwohl das Ambiente schick und gehoben ist, kann man hier doch leistbare Cocktails trinken und bekommt diese von einer erfahrenen Crew serviert. Swing- und Bluesmusik sorgen darüber hinaus für eine authentische Bar-Stimmung.

# COCKTAILBARS
## Zwischen Schirmchen und Spirituosen

**Kreative Kreationen, stylishes Ambiente, coole Gäste - Wiens Cocktailbars haben viel mehr zu bieten als Sex on the Beach und ein paar Schirmchen im Glas!**

## HAMMOND BAR
Taborstraße 33, 1020 Wien

Wer einen garantiert ausgezeichneten Cocktail genießen möchte, der sollte sich in der kleinen und feinen hammond Bar im zweiten

Bezirk einfinden. Sie wurde bei den Mixology Bar Awards 2019 als Bar des Jahres ausgezeichnet. Die Bar ist edel eingerichtet, die finster-noblen Tische laden zum Verweilen ein, die Cocktails sind einfallsreich und geschmacklich ein Erlebnis. Cheers!

## TABBACHI
Rampersdorffergasse 61, 1050 Wien

Ein breites Getränkeangebot und angemessene Preise, kombiniert mit stilvollem Flair zeichnen die kleine Bar in der Ramperstorffergasse aus. Getränketechnisch bietet man hier das auf, was man sich von einer guten Bar erwartet, und vielleicht sogar ein bisschen mehr: Cocktails, Longdrinks, österreichischen Weißwein sowie italienischen Rotwein. Charmant!

## EBERTS COCKTAILBAR
Gumpendorfer Straße 51, 1060 Wien

Die Eberts Cocktailbar ist eine klassisch-stylische Cocktailbar mit weißem Mobiliar, einer gut ausgestatteten Spirituosensammlung und kompetenten Barkeepern. Die Drinks variieren von Klassikern bis zu hauseigenen, den eigenen hohen Ansprüchen genügenden Kreationen. Neben den Cocktails besteht auch die Möglichkeit, sich bei den verschiedensten Whiskeys und Gins durchzukosten.

## IF DOGS RUN FREE
Gumpendorfer Straße 10, 1060 Wien

Hier erwartet den Gast ein schummriger Raum, minimalistisch eingerichtet mit dunklen Sesseln und Tischen, und einem Barbereich am hinteren Ende des Lokals. An der Bar geht es dann ganz und gar nicht mehr minimalistisch zu, denn die Cocktailgenüsse, die man im If dogs run free bestellen kann, sind wirklich beeindruckend! Vor allem legendäre Klassiker stehen am Programm. Da bekommt ein Old Fashioned plötzlich noch mehr Charme und der Classic Margarita war noch nie so sexy!

## MIRANDA BAR
Esterhazygasse 112, 1060 Wien

Von Mixology als Bar des Jahres nominiert, hat die Miranda Bar schon viele Gäste glücklich gemacht. Im Gegensatz zum eher düsteren If dogs run free das als großer Bruder in der Gumpendorfer Straße wohnt, ist es hell, bunt und auch mit einem größeren Schanigarten ausgestattet. Dass die Cocktail-Variationen teilweise sehr kreativ sind, liegt wohl auch daran, dass die Besitzer selbst auch Architekten sind und ihre kreative Ader nicht nur an der Raum- sondern an der Karten-Gestaltung ausgelebt haben.

## FELIXX
Gumpendorfer Straße 5, 1060 Wien

Das Felixx ist der Treffpunkt für Schwule und Lesben in der Gumpendorfer Straße. Eine Cocktailbar, die immer wieder Gay Events und Specials veranstaltet und sehr einladend gestaltet ist. Dabei fühlen sich aber nicht nur Leute aus der Schwulenszene wohl - auch Heteros. Eine Besonderheit ist der große Kristallluster in der Mitte der Bar, der für funkelnde Augen sorgt.

## PUFF – DIE BAR
Girardigasse 10, 1060 Wien

Der Name hat schon seinen Grund, denn die Cocktailbar Puff war früher tatsächlich einmal ein Puff. Auch die Atmosphäre erinnert noch ein bisschen an frühere Zeiten und das rote Licht, die ledernen Sitzbänke und die Spiegel an den Wänden tragen zum richtigen Feeling bei. Eine Besonderheit sind die einzigartigen Lampen über den runden Tischen, die aus Flaschen und altem Porzellangeschirr bestehen. Aber keine Angst, schummrig oder zwielichtig ist es hier ganz und gar nicht. Hier weiß man spätestens nach dem ersten Cocktail, was man hat - und zwar Qualität.

## DIE PARFÜMERIE
Neustiftgasse 84, 1070 Wien

Man nehme eine Crew mit reichlich Ahnung von guten Zutaten, ein Lokal mitten im Siebten und füge eine kräftige Portion Kreativität hinzu: fertig ist die Parfümerie! Diese In-Bar kann auch den abgebrühtesten Cocktail-Experten noch Neues lehren: mit Mut zum Außergewöhnlichen bewegt man sich hier gekonnt abseits des Mainstreams. Aufregende Geschmackserlebnisse sind garantiert! Fein ist auch der wöchentlich abwechselnde und stets exquisit designte „Drink of the Week".

## TÜR 7
Buchfeldgasse 7, 1080 Wien

Wer die Boutique Bar Tür 7 besuchen möchte, der macht es wie bei Freunden. Man meldet sich vorher an, klingelt an der

Tür und wird dann freundlich im Wohnzimmer begrüßt. Die Bar ist beschaulich und doch elegant, bürgerlich aber nicht spießig - und sie hat nur Platz für etwa 35 Personen. Die Drinks werden immer dem Wunsch des Gastes entsprechend gemischt, aber von professionellen Bartendern kreiert. Ein ganz besonderes Kleinod gleich hinter dem Rathaus!

## HALBESTADT
Währinger Gürtel 144, 1090 Wien

Wo sonst eher Bierlokale, Clubs und Konzertlocations anzutreffen sind, mischt sich gekonnt eine kleine Bar in die Szene. Das Halbestadt in der Nähe der Station Nußdorfer Straße bietet nur recht wenig Platz, verfügt aber über eine überaus gut bestückte Bar. Hier trinkt man hauptsächlich Cocktails, aber natürlich auch andere Kleinigkeiten. So oder so - für einen gediegenen Drink kann man hier immer vorbeikommen!

## KRYPT
Wasagasse 17, 1090 Wien

Wenn um etwas ein Geheimnis gemacht wird, dann schürt das natürlich Erwartungen, was ziemlich schief gehen kann. Im Fall der gerüchteumwobenen Krypt-Bar wurden die Erwartungen allerdings um ein Vielfaches übertroffen. Ist der Eingang erstmal gefunden, geht es acht Meter hinunter in einen atemberaubenden Gewölbekeller mit fabelhaftem Interior Design und unbeschreiblich guten Cocktails. Aber bitte pssssst!

## THE SIGN LOUNGE
Liechtensteinstraße 104-106, 1090 Wien

Die Sign Lounge ist schon lange als DIE Cocktailbar der Stadt bekannt. Und diesen Ruf hat sie sich auch verdient, denn die Variationen können wirklich was. Vom Fisch im Cocktail über den Cocktail in den Popcorn gibt es so ziemlich alles, was man an Geschmäckern und Originellem kombinieren könnte. Die Bar selbst ist langgezogen und bietet durchaus Platz für größere Gruppen. Eine Reservierung ist aber auf alle Fälle nötig, denn voll ist es hier eigentlich immer.

## BEIMIR
Speckbachergasse 47, Ecke Seeböckgasse, 1160 Wien

Matthias Habringer hat mitten in Ottakring eine Bar eröffnet, für die es sich lohnt, auch mal die Strecke aus der Stadt hinaus auf sich zu nehmen. Von hausgemachten Limonaden bis hin zu eigens kreierten Cocktails (wie zum Beispiel dem „Ziegenpeter" mit Smoky Goat Whiskey und Ziegenmilchsirup) gibt es hier alles, was eine Bar braucht. Besonders fein ist auch der Schanigarten im Sommer.

## CHILL OUT LOUNGE
Salvatorgasse 6, 1010 Wien

Die chill out lounge in der Salvatorgasse ist die perfekte Abendlocation, wenn man auf der Suche nach einem gemütlichen Tagesausklang ist. Bequeme Couchsessel, eine breite Auswahl an Cocktails zu fairen Preisen und Platz auch für größere Gruppen machen die Lounge zu einem idealen Treffpunkt.

# GIN-LOKALE
## Das Trendgetränk im Mittelpunkt

Puristen wissen schon lange, dass man mit einem guten Gin - egal ob mit oder ohne Tonic - immer richtig liegt. Glücklicherweise gibt es in Wien einige Bars, die das elegante Wacholderdestillat in grandioser Vielfalt in der Getränkekarte führen ...

### KLEINOD
Singerstraße 7, Ecke Blutgasse, 1010 Wien

So klein ist sie gar nicht, die Bar Kleinod. Aber eine wahre Perle, ein echter Hotspot für Gin-Liebhaber und Aussichts-Fanatiker! Das zur Bar gehörige Sonnendeck überzeugt als Rooftop Location im Ersten nämlich gleich mehrfach. Erstens hat man von hier oben einen wunderschönen Blick auf die Peterskirche, zweitens gibt es Gin-Drinks in verschiedensten Facetten, drittens ist der Signature Spirit der Bar Bombay Sapphire. Kein Wunder, dass man sich hier wohlfühlt!

## VINOGIN
Fleischmarkt 28, 1010 Wien

Diese kleine Bar im Ersten hat sich, wie der Name schon sagt, ganz und gar auf Gin und Wein spezialisiert: über 100 Gins kann man hier probieren. Man sitzt oder steht an hohen Tischen um besagte Getränke zu konsumieren - und genießt dabei kleine Antipasti und das überaus stimmungsvolle Ambiente.

## TORBERG
Strozzigasse 47, 1080 Wien

Eindeutig die Nummer 1, wenn man Gin in Wien sucht. Nicht nur, dass man hier etwa 550 Sorten Gin und 23 passende Tonics probieren kann – die Bar wurde erst kürzlich um einen dazugehörigen Laden erweitert. Die schier unendliche Gin-Auswahl gibt es folglich auch zum Mitnehmen! Manchmal finden hier außerdem Champagnerverkostungen statt. Cheers!

## SLUBAR
Billrothstraße 31, 1190 Wien

Ähnlich wie auch im Torberg sammelt man auch hier wie verrückt verschiedene Gins. Ganze 282 Ginsorten und 44 passende Tonics dazu hat man in der SLUbar schon gesammelt - und die Zahlen wachsen ständig. Der Chef des Hauses agiert als wandelnde Barkarte und steht bei Fragen oder Sonderwünschen immer hilfsbereit zur Verfügung. Individuell, speziell und voll und ganz auf Gin spezialisiert!

# CHAMPAGNER
## Wo edle Tropfen getrunken werden

Kaum ein Getränk auf dieser Welt ist so prickelnd elegant und elitär wie ein Gläschen Champagner. Auch in Wien frönen Reich & Schön hie und da dem perlenden Luxus. Nachfolgend ein paar Lokalitäten, wo man sich ganz und gar dem edlen Genuss hingeben kann!

## DOSAGE
Petersplatz 8, 1010 Wien

Der Wiener Gastroexperte Friso Schopper hat im Sommer 2018 eine neue Champagner Bar eröffnet. Etwa 50 m² misst das überschaubare Lokal im ersten Bezirk, das sich für jeden Anlass nutzen lässt. Neben den edlen Tropfen werden auch Sekt und Gin angeboten - die Bar bietet außerdem kleine Gourmet-Häppchen wie Austern und Tartare an.

## CAFÉ OPER
Opernring 2, 1010 Wien

Das Café Oper ist nicht nur für Operngäste oder Kaffeetrinker ein Highlight – hier erwarten den Gast die besten Champagner Wiens! Für die Auswahl der Champagner ist der Belgier Thierry Voyeux zuständig, ein Fachmann mit einer unglaublichen Fülle an Champagner-Wissen. Empfehlenswert sind übrigens nicht nur die einzelnen Champagner-Sorten allein - auch das Champagner-Frühstück ist ein kulinarischer Lichtblick, der sich perfekt für einen ganz besonderen Morgen anbietet.

## LE CRU - COMPTOIR DE CHAMPAGNE
Fleischmarkt 16, 1010 Wien

Im Le Cru findet man das größte Champagner-Sortiment in ganz Österreich. Sowohl für Liebhaber als auch für den Handel werden hier die besten und außergewöhnlichsten Sorten des edlen Tropfens angeboten. Das Geschäft am Petersplatz im ersten Bezirk ist freundlich und hell und man fühlt sich umgehend wohl. Nachdem nicht jeder die absolute Expertise in Sachen Champagner mitbringt, stehen die Mitarbeiter mit kompetentem Rat zur Seite. Alles in allem: Wer nach etwas besonderem sucht oder sich einfach mal etwas gönnen will, der finde sich im Le Cru – Comptoir de Champagne ein!

## LE MOËT CHAMPAGNER BAR
Opernring 13, 1010 Wien

Die weltweit erste Moët Champagner Bar überhaupt befindet sich in Wien. Hier wird – der Name ist Programm – nur das Beste von Moët & Chandon angeboten. Dazu gibt es kleine Speisen und edle Gerichte Auch Austern stehen auf der Karte! Wer gerne hier feiern möchte, der sei darauf hingewiesen, dass man die Location auch mieten kann.

## BAR3
Salesianergasse 25, 1030 Wien

Diese Bar im dritten Bezirk entführt in die 1920er und 1930er Jahre. Hier wird nicht nur der edle Perlwein angeboten, sondern auch Cocktails werden serviert. Darüber hinaus sorgen Swing-Musik, noble Einrichtung mit rotem Samt und sündhafte Burger für gute Stimmung. Übrigens: Champagner gibt es in der Bar3 nicht nur pur, sondern auch als Bestandteil von Signature Cocktails. Wenn das keine stilvolle Reise in die 20er Jahre ist!

## PERLAGE
Schleifmühlgasse 1, 1040 Wien

Wer einen besonderen Champagner kaufen möchte, der ist in der Perlage in der Schleifmühlgasse bestens aufgehoben. Das Fachgeschäft ist ganz auf Winzerchampagner von kleinen Produzenten aus der Champagne spezialisiert. Für interessierte Gruppen werden auch geführte Verkostungen organisiert. Nobel, nobel!

## LE BAR
Burggasse 2, 1070 Wien

Le Bar im Sanssouci im 7. Bezirkhat sich ganz dem Champagner verschrieben und bietet eine beeindruckende Auswahl von Laurent Perrier Champagner, aber auch andere feine Tropfen, edle Jahrgänge und ausgewählte Tropfen vom Barchef Julio. Montag bis Mittwoch wird beim Afterwork etwas legerer getrunken und zwischen 17:30 und 19:00 Uhr gibt es zwei Drinks zum Preis von einem. Wer den Champagner verkosten möchte, für den empfiehlt sich das Tasting um 55,- Euro inklusive Canapées.

# WEINBARS
## Der Traube treu in Wiens Lokalen

**Wien und der Wein - auf ewig verbandelt. Dementsprechend mangelt es dieser Stadt wahrlich nicht an Möglichkeiten, feine Tropfen zu verkosten und süffige Abende zu verbringen.**

## HEUNISCH & ERBEN
Landstraßer Hauptstraße 17, 1030 Wien

Das Heunisch und Erben ist mit seinem Standort in der Landstraßer Hauptstraße in bester Gesellschaft. Als unkomplizierte Weinbar mit warmer Küche gliedert es sich ganz gut in die Genussmeile ein. Puristisches Interieur, eine kleine feine Karte, aber vor allem an die hundert offene Weine zeichnen das

Lokal im Dritten aus. Das Angebot ist nobel, die Herangehensweise jedoch leger - das gefällt!

## WIENER BLUT
Faulmanngasse 5, 1040 Wien

Nach einem Besuch am Naschmarkt bietet sich die kleine Weinbar Wiener Blut perfekt an, um noch auf ein Sprüngerl vorbeizuschauen. Die Stimmung hier ist meist ungezwungen, fröhlich und gesellig. Besonders in den warmen Monaten ist immer etwas los. Da verwundert es wenig, dass ein Besuch meist nicht bei einem Sprüngerl bleibt ...

## DIE WINZERKÖNIGIN
Wiedner Hauptstraße 40-42, 1040 Wien

Andrea Authried heißt sie, die Winzerkönigin aus Wieden. In dem kleinen Geschäft in der Wiedner Hauptstraße verkauft sie viele erlesene Tropfen, die allesamt von der Winzerkönigin selbst verkostet und ausgewählt wurden. Neben den Weinen aus eigener Produktion ist das Geschäft hauptsächlich auf Kreationen von jungen, innovativen Winzern spezialisiert! Hier bekommt man als Gast bestimmt keinen 0815 Wein serviert!

## PUB KLEMO
Margaretenstraße 61, 1050 Wien

Schon seit dem Jahr 2006 ist das Pub Klemo - mittlerweile mit dazugehörigem Shop (über 3000 Weine!) - ein fixer Bestandteil der Wiener Weinszene. Hier trifft man sich und diskutiert, hier wird verkostet und probiert - hier ist ganz einfach immer etwas in Bewegung. Die Weine werden regelmäßig geführt verkostet und je nach Thema, Rebsorte oder Anbaugebiet zusammen angeboten. Neuerdings ist das Klemo im Sommer auch am Donaukanal anzutreffen!

## WEIN.RAUM
Piaristengasse 41, 1080 Wien

Immer abends öffnet Arnold Christian Harter seinen Wein. Raum für Gäste. Angeboten werden neben den vielen Tropfen aus dem Weinkeller auch kulinarische Ausflüge in Weinregionen wie Frankreich oder Italien. Das Lokal kann auch für Veranstaltungen gemietet werden. Wer den Wein lieber zu Hause genießt, kann ihn hier auch flaschenweise kaufen.

## TREDICI E MEZZO - 13.5°
Lindengasse 53, 1070 Wien

Fans von italienischen Weinen müssen das Tredici kennen. Die Weinbar in der Lindengasse hält italienische Genüsse bereit, die den Gast direkt in die Toskana entführen. Da gibt es dann zum Chianti einen reichlich gefüllten Antipastiteller mit Prosciutto Crudo und einen hausgemachten Zitronen-Olivenölkuchen als Nachspeise. Im Schwesterlokal Tredici Gradi in der Kaiserstraße können die hier verkosteten Weine übrigens auch für zu Hause gekauft werden!

## MAST
Porzellangasse 53, 1090 Wien

Das MAST Weinbistro in der Porzellangasse mischt seit Mai

2017 die Wiener Weinwelt auf. Hier werden Liebhaber des feinen Tropfens und Kulinariker mit Qualitätsanspruch auf ihre Kosten kommen, denn die hier angebotenen Gerichte sind durchwegs schmackhaft. In Sachen Wein ist man hier versiert und bietet auch noble Jahrgänge oder besondere Tropfen an. Geöffnet hat das MAST von Mittwoch bis Sonntag. Ideal für einen gemütlichen Abendausklang!

## GLASWEISE
Währinger Straße 74, 1090 Wien

Unweit der Volksoper befindet sich das Weinrestaurant Glasweise, das täglich seine Pforten für Weinliebhaber öffnet. Angeboten werden hier aber nicht nur Weine in der Flasche und „Glasweise", sondern auch ziemlich gute Gerichte - vom Steak über Calamari bis hin zu Tagliatelle. Perfekt für einen Abstecher vor dem Opernbesuch oder nach dem Feierabend!

## WEINGUT
Hernalser Hauptstraße 56, 1170 Wien

Fast ein bisschen überrascht ist man, wenn die hippe Bar Weingut in der Hernalser Hauptstraße daherkommt. Wo sonst eher traditionelle Restaurants und Cafés zu Hause sind, befindet sich plötzlich ein modernes Weinlokal mit ansprechender Bar und coolem Interieur. Als wäre man plötzlich in einem Trendlokal in Neubau gelandet und doch von sympathisch-günstiger Vorstadtatmosphäre umgeben - so könnte man das Weingut im 17. Bezirk beschreiben.

# CRAFT BIER LOKALE
## Bier spendet Kraft für die Nacht

Es ist eine allgemein bekannte Wahrheit, dass nicht nur Großbrauereien gutes Bier machen, sondern auch kreative Klein- und Hausbrauereien in der Lage sind, überaus schmackhaften Gerstensaft zu brauen. Eine Fülle an unterschiedlichen Sorten und Geschmäckern gibt es mittlerweile schon am Markt - und natürlich auch in Wiens Craft Bier Lokalen!

### 1516 BREWING COMPANY
Schwarzenbergstraße 2, 1010 Wien

Geniales Bier aus eigener Brauerei plus gute Küche ist gleich 1516 Brewing Company! Die Biere tragen klingende Namen wie „Hop Devil" oder „Slipper Pale Ale", jedes Jahr werden neue Bierkreationen ins Sortiment an Selbstgebrautem aufgenommen. Besonders gut schmecken dazu die Burger, Sandwiches und Snacks, die man auf der Karte findet. Ganz klar: wer hier einkehrt, findet ein kleines Stück Amerika mitten in Wien.

## MEL'S
Wipplingerstraße 9, 1010 Wien

Eine feine Bar mit einer enormen Auswahl an Craft Bieren ist das Mel's. Wer bei über 300 Sorten an regionalen und internationalen Fass- und Flaschenbieren nicht das Richtige findet, dem kann man wohl gar nicht mehr helfen. Hier bekommt man nämlich alles, was das Bierherz begehrt – sogar Biobier, vegane Varianten und gerne auch welche mit exotischen Zutaten wie Chili oder Mango. Die Preise sind zwar eher gehoben, dafür löscht man seinen Durst in besonders schönem Diner-Ambiente.

## DELIRIUM CAFÉ
Kurrentgasse 12, 1010 Wien

Das Delirium Café in der Kurrentgasse fügt sich in die Gruppe des „Craft Biereck Vienna" ein und bietet, so wie auch die anderen Lokale von PaddysCo (Mel's, Beer Street und Mad Jack's) eine breite Auswahl an Craft Bieren. Vor allem aber das belgische Starkbier ist hier vertreten, schließlich ist das Mutterlokal dieser Institution in Brüssel zu finden. Man kann im Delirium auch Essen gehen - die Burger und Fries sind definitiv eine gute Ergänzung zum Bier!

## KÄNGURUH PUB
Bürgerspitalgasse 20, 1060 Wien

Nur ein paar Gehminuten vom Westbahnhof entfernt befindet sich das Känguruh. Von Montag bis Samstag kann man zwischen 18:00 und 2:00 Uhr „reinhüpfen" und sich ganz entspannt durch die riesige Karte ausgewählter Bierspezialitäten kosten. Aber Vorsicht: hat man es sich erst im dunkel vertäfelten, stilvollen Gastraum oder bei Kerzenschein im Schanigarten gemütlich gemacht, will man schlichtweg nicht mehr gehen.

## AMMUTSØN
Kirchengasse 3, 1070 Wien

Ein Himmel für Craft Bier Fans ist das AmmutsØn im 6. Bezirk. Ganze 12 offene Biere werden hier ausgeschenkt, dazu kommen zahlreiche Spezialitäten aus der Flasche. Für hungrige Gäste gibt es kleine Speisen und Sandwiches, aber grundsätzlich hat man auch mit der Bierauswahl schon einen ganzen Abend lang zu tun. Ein Lokal, das gemütlich ist und definitiv Stammlokal-Potential in sich trägt!

## BRICKMAKERS
Zieglergasse 42, 1070 Wien

Sagenhaftes Essen, üppiger Wochenend-Brunch und freundliches Personal - all das sind gute Argumente, das Brickmakers zum Lieblingslokal zu erheben. Dass sich auch die Auswahl an Craft Bier wirklich sehen lassen kann, ist nur ein weiterer Pluspunkt auf einer langen Liste. Hier gibt es so viele Namen, Sorten und Geschmacksrichtungen, dass einem schnell einmal schwindelig werden kann. Zum Glück bekommt man hier zur besseren Orientierung beim Bestellen ein Craft Bier Wörterbuch – das kompetente Personal gibt ebenfalls hilfreich Auskunft.

## SHAMROCK AND THE DOGSTAR
Kirchengasse 3, 1070 Wien

Der Craft Bier Spezialist unter den Irish Pubs ist eindeutig das Shamrock im 7. Bezirk. 100 verschiedene Biersorten kann man hier genießen, frisch gezapft oder aus der Flasche. Im ersten Stock des Pubs ist sogar noch eine eigene Bar eingerichtet, die ausschließlich auf Craft Bier spezialisiert ist. So punktet The Dogstar im Shamrock nicht nur durch die außergewöhnliche Lage (wie oft findet man schon eine Bar in einem Pub?), sondern auch durch sein ständig wechselndes, köstlich erfrischendes Angebot an Craft Bieren.

## BEAVER BREWING COMPANY
Liechtensteinstraße 69, 1090 Wien

Selbstgebrautes Craft Bier, experimentelle Biersorten und typisch amerikanisches Essen zu einem fairen Preis – das ist das Erfolgsrezept der Beaver Brewing Company. Seit 2015 gibt es das junge Unternehmen, aber schon jetzt hat es absoluten Kult- und Lieblingslokal-Status erreicht. Nicht zuletzt wegen der sympathischen Inhaber und der abwechslungsreichen Bier- und Speisekarte, die wöchentlich um Spezialangebote ergänzt wird.

## LICHTENTHALER BRÄU
Liechtensteinstraße 108, 1090 Wien

Der Heurige unter den Craft Bier Lokalen ist das Lichtenthaler Bräu in der Liechtensteinstraße (Achtung: diesmal mit langem „ie"). Hier liebt und lebt man Craft Bier Kultur und all die herrlichen Genüsse, die man gerne damit verbindet. Deswegen stehen neben Craft Kreationen wie „Wheat Ale" oder „Melon Sour" auch herrliche Ripperl und beliebte Wiener Klassiker auf der Karte, wie zum Beispiel das g'schmackige Blunzngröstl.

## HAWIDERE
Ullmanstraße 31, 1150 Wien

Burger und Bier – das kann man gut im Hawidere. Und weil es hier nun mal um Craft Bier geht, kommen wir gleich zum Wesentlichen: im Hawidere werden insgesamt 14 Fass- und 67 Flaschenbiere serviert. Um eine gute Auswahl an ordentlichen Craft Bieren anbieten zu können, werden keine Mühen gescheut: auf eigenen Bierreisen durch England, Irland, Italien, die USA, Deutschland und natürlich Österreich werden viele Brauereien besucht und eine Auswahl der besten Biere mit zurück nach Wien genommen. So viel Hingabe macht uns durstig – also Prost!

## REINWEIN
Reindorfgasse 10, 1150 Wien

Nicht weit von der äußeren Mariahilfer Straße, ganz in der Nähe des Schwendermarkts, befindet sich ein wahrer Schatz der Craft Bier Kultur. Vinothek, Weinbar, Bierstüberl – das Reinwein vereint das beste dreier Welten in einem einzigen, herrlich sympathischen Lokal. Zwischen Bar und Bücherregal sucht man sich am besten den gemütlichsten Platz und kostet sich in aller Ruhe durch die 66 verschiedenen Sorten nationalen und internationalen Craft Bieren. Wer nicht rechtzeitig zum Abendessen zu Hause ist, der findet bestimmt das Richtige für den kleinen Hunger auf der Karte saisonaler Schmankerl.

# IRISH PUBS
## Insel-Gemütlichkeit an jeder Ecke

**Wenn man glaubt es geht nicht mehr, kommt irgendwo am Wegesrand ein Irish Pub daher! Die Wiener Irish Pubs sind zu später Stunde oft Retter in der Not: gemütlich, bierselig, meist günstig und alles in allem nicht wegzudenken aus der Wiener Bar- und Beislkultur!**

## BOCKSHORN
Naglergasse 7, 1010 Wien

Wiens ältestes und wohl auch kleinstes Irish Pub befindet sich ein bisschen versteckt, aber doch zentral mitten im Ersten. In punkto Einrichtung und Ambiente ist das Bockshorn einzigartig: sämtliche Wände sind geschmückt mit diversem Allerlei, von kleinen Dosen über Bierdeckel bis hin zu nostalgischen Gemälden. Neben dem verpflichtenden Bier bekommt man hier auch eine unglaubliche Liebe für Irland und alle flüssigen Genüsse der grünen Insel mit serviert. Fazit: ein Besuch im Bockshorn muss einfach sein!

## DICK MACK'S
Marc Aurel Straße 7, 1010 Wien

Das Dick Mack's ist beliebte Anlaufstelle für Feierwütige im Bermuda-Dreieck, denn die Happy Hour und diverse Angebote lassen einen kleinen Rausch gar nicht teuer kommen. Bestellt wird hauptsächlich Bier, aber auch die ein oder andere Runde Shots oder Longdrinks. Das Publikum ist naheliegenderweise sehr studentisch und die Stimmung laut und ausgelassen. Fußballfans finden hier trotzdem immer wieder Zeit, einen Blick auf die Bildschirme und das gerade laufende Match zu werfen. In Bezug auf Ambiente gewinnt man hier wahrlich keinen Eleganzpreis - aber was soll's. Generell gilt: was im Dick Mack's passiert, bleibt im Dick Mack's. Hoffentlich.

## FLANAGAN'S
Schwarzenbergstraße 1-3, 1010 Wien

Immer gut besucht ist das Flanagan's in der Nähe des Schwarzenbergplatzes. Obwohl das Lokal relativ groß ist, muss man manchmal ein bisschen auf einen Sitzplatz warten. Ob nun für einen Burger, Nachos oder nur ein, zwei, drei Bier - hier kann man sowohl gut trinken als auch essen. An der Bar findet man oft beharrliche Sitzenbleiber, deren Blicke förmlich an den Fernsehern und den dort ausgestrahlten Fußball- oder Rugby-Partien kleben - die allgemein recht ruhige Atmosphäre stört das kaum. Eine Irish-Pub Empfehlung für alle, die beim Biertrinken auch ein bisschen quatschen wollen!

## BOGSIDE INN
Landesgerichtsstraße 18, 1010 Wien

Schon seit etwa 20 Jahren versorgt das Bogside Inn in der Landesgerichtsstraße Studierende der Uni Wien und Pub-Fans aus aller Welt mit Speis und Trank. Das Lokal präsentiert sich bodenständig und schummrig, drinnen herrscht mitunter ausgelassene Stimmung. Neben einer angenehmen Bierauswahl sind vor allem die großen, g'schmackigen Burger im Bogside Inn zu empfehlen! Auch eine feine Whiskeyauswahl wird geboten. Tipp: hin und wieder lädt man zu Events mit speziellen Aktionen.

## MOLLY DARCY'S
Teinfaltstraße 6, 1010 Wien

Das Molly Darcy's ist ein geräumiges Irish Pub, wo essenstechnisch alle Pub-Klassiker angeboten werden. Chicken Wings, Onion Rings oder doch lieber Burger? Je nachdem, wonach das heißhungrige Herz gerade schreit. Biertechnisch bleibt man traditionell mit Kilkenny und Guinness und einigen österreichischen Alternativen vom Fass. Jeden Montag ist Pub Quiz Time: wer dort oft genug anwesend ist, kann sogar in der League mitspielen und hat die Chance auf ziemlich ansehnliche Preise!

## SALLY'S
Judengasse 9, 1010 Wien

Das Sally's gehört, genau wie das Dick Mack's oder Mel's Craft Beer and Diner, zur Gruppe der PaddysCo Lokale. Hier geht es aber um einiges gemütlicher als im Dick Mack's und weniger schick als im Mel's zu. Die Ledersessel und das dunkle Ambiente erinnern ein bisschen an einen Gentlemen's Club und die Auswahl an Bieren ist breit gefächert, wie man sie eben in einem Irish Pub erwartet. Neben einigen Plätzen mit hohen Tischen und Barhockern gibt es auch ein paar gemütlichere, wo man Burger & Co verdrücken kann.

## CROWN AND SWORD
Obere Augartenstraße 72, 1020 Wien

Das Crown and Sword ist zwar offiziell ein Irish Pub, hat aber irgendwie etwas von Wiener Beisl. Spezialität ist hier die Dartscheibe, die regelmäßig vom Sporran Darts Club in Anspruch genommen wird - das Crown and Sword ist nämlich irgendwie auch Vereinslokal und Dart Club! Bier gibt's natürlich und zu Essen gibt's kleine irische Klassiker beziehungsweise noch viel mehr, denn das nebenan befindliche Gasthaus Reblaus versorgt auch das Crown and Sword mit Kulinarischem.

## O'CONNORS
Rennweg 95, 1030 Wien

Gemütlich und rustikal ist das O'Connors im dritten Bezirk. Die beiden irischen Brüder und eine Mischung aus internationalen Mitarbeitern machen das Lokal nicht nur irisch, sondern irgendwie international und freundlich. Die Umgebung ist zwar nicht die schönste, dafür freut man sich danach umso mehr, im Inneren des Lokals zu sein. Dort warten auf den Gast kulinarische Irish Pub Klassiker, Specials aus Bar und Küche, und natürlich Bier nach Lust und Laune.

## JOHNNY'S PUB
Schleifmühlgasse 11, 1040 Wien

Seit 1996 gibt es das Johnny's in der Schleifmühlgasse schon. In unmittelbarer Nähe des Karlsplatzes und damit auch der TU bestehen die Gäste nicht selten aus Studenten. Im Johnny's gibt es eine reiche Auswahl an Bieren, aber auch Sturm oder Most, wenn die Saison gerade passt. Das Lokal ist eher klein. So kann es schon einmal sein, das man keinen Sitzplatz, sondern „nur" ein Platzerl an der Bar findet – was aber vollkommen ok ist, solange der Blick auf Fernseher, grünen Rasen und Ball nicht verdeckt ist.

## RUPP'S
Arbeitergasse 46, 1050 Wien

Das Rupp's ist auf den ersten Blick ein ganz gewöhnliches Irish Pub. Auf den zweiten Blick hingegen entdeckt man so einiges, was ganz und gar nicht gewöhnlich ist! Erstens wird im Rupp's ausschließlich vegetarisch und vegan gekocht - und das obwohl die Küche sehr wohl deftig ist! - zweitens kann man hier eben nicht nur eine breite Auswahl an Bieren kosten, sondern auch der Whisk(e)y wird groß geschrieben. Fad werden sollte es hier nicht einmal den verspieltesten und quirligsten Gästen: neben einer Lese-/Bücherecke gibt es einen Wuzzler, diverse Brettspiele sowie einen eigenen Raum für Whisk(e)yverkostungen. Dieses Lokal ist eben mehr als ein gewöhnliches Irish Pub!

## LAUREL LEAF
Theobaldgasse 15, 1060 Wien

Das Laurel Leaf in der Theobaldgasse ist sowohl als Irish Pub, als auch als Anlaufstelle für Billard-Fans sehr beliebt. Mehrere Billardtische stehen bereit, um bespielt zu werden, ebenso einige Dartscheiben. Wer nicht zum Spielen, sondern zum Essen gekommen ist, soll aber auch nicht enttäuscht werden: verschiedenstes Fingerfood aus dem Körberl und feine Burger stehen zur Auswahl. Auch für die vegetarischen Gäste lässt sich ein reiches Angebot entdecken. Dazwischen läuft Sport - und zu Feiertagen oder auch einfach so gibt's spezielle Partys und Aktionen.

## DUBLIN IRISH PUB
Gumpendorfer Straße 93, 1060 Wien

Das Dublin ist eines jener Irish Pubs, die man gerne als Afterwork-Lokal oder einfach für einen herrlich-himmlisch guten Burger besuchen will. Hier lässt es sich nämlich gemütlich sitzen und wahrlich gut speisen! Das Burger-Angebot wird immer wieder mit Specials aufgepeppt, das Bier-Angebot hingegen ist nicht allzu ausgefallen. Dafür muss man sich einfach intensiver durch die Whiskeys kosten, welche hier in verschiedensten Sorten erhältlich sind. Denn wie sagt man so schön: probieren geht über studieren!

## BACKBONE
Burggasse 100A, 1070 Wien

In der Burggasse reiht sich ein Lokal an das andere, aber

Irish Pubs gibt es nicht allzu viele. Zum Glück gibt es das Backbone, das mit Bier und Pub Quiz Irland in Sachen Gastronomie vertritt. Kulinarisch und atmosphärisch ist man Irland jedoch nicht ganz so treu: es gibt Pizza und ein paar kleine Snacks. Zwischen 17:00 und 19:00 Uhr lockt die Happy Hour, im Sommer ein kleiner Schanigarten und das ganze Jahr über eine feine Auswahl an (Craft) Bieren und Whiskeys.

## THE DUKE PUB
Spittelberggasse 17, 1070 Wien

Was hier an allererster Stelle steht, ist unschwer zu erkennen: Sport. In diesem Lokal gibt es bestimmt keinen Platz, wo die Sicht zum Fernsehgerät durch eine Säule, eine Bar oder eine Raumtrennung behindert wird. Hier gibt es nämlich so viele Fernseher wie Ecken – sogar am WC kann man seinem Lieblingsteam beim Tore schießen zuschauen! Neben den Fußball- und sonstigen Sportübertragungen ist hier natürlich die Bierauswahl für den durstigen Gast eine wichtige Komponente. Von Kozel über Guinness bis zu unbekannteren Spezialitäten kann man die Biere sowohl aus der Flasche, als auch vom Fass genießen. Besonders lauschig ist der Schanigarten in der Spittelberggasse, der vor allem den weniger fußballnarrischen Gästen zusagen dürfte.

## SHEBEEN – INTERNATIONAL PUB
Lerchenfelder Straße 45, 1070 Wien

Ein Pub wie es im Buche steht – mit allem was dazu gehört. Besonders diejenigen, die einen großartigen Cheeseburger mit Pommes und ein gutes Bier in dunkler Pub-Atmosphäre zu schätzen wissen, werden sich im Shebeen pudelwohl fühlen. Die Küche ist authentisch und ausgesprochen gut, Unterhaltung gibt es regelmäßig mit Fußball - wer also kein Spiel verpassen will, bleibt einfach im Shebeen!

## CHARLIE P'S
Währinger Straße 3, 1090 Wien

Das Herzstück der Wiener Irish Pub Auswahl ist nicht nur Pub, sondern erfüllt durchaus auch Clubbing- und Restaurant-Ansprüche. Hier werden Fußballspiele gezeigt, im Keller wird kräftig musiziert und getanzt, dienstags tummeln sich Medizinstudenten beim Medical Tuesday und holen sich ihre Biere, und gleich oben im Eingangsbereich lautet das kulinarische Motto „It's All About The Meat Baby". Wem das überaus feine Craft Bier Angebot hier nicht groß genug ist, kann sich übrigens auch im Brickmakers einfinden - das wird nämlich vom selben Besitzer geführt und hat sich explizit auf Bier spezialisiert.

## HIGHLANDER SCOTTISH PUB
Garnisongasse 3, 1090 Wien

Nur eine Straßenecke vom Charlie P's entfernt befindet sich auch schon das nächste Pub. Diesmal aber nicht Irish, sondern Scottish! Das kann man nicht nur am Namen erkennen, sondern auch an den mit Schottenrock-Stoff überzogenen Stühlen. Kulinarisch setzt man hier auf Standards, das kühle Bier schmeckt.

## SPEAKEASY
Hebragasse 9, 1090 Wien

Der Name dieses Pubs kommt noch aus Zeiten der amerikanischen Prohibition, als Bars illegal und sehr versteckt und heimlich betrieben werden mussten: „speak easy" heißt nämlich nichts anderes als „sprich leise". Das kleine feine Irish Pub, das in der Nähe der Station Alser Straße an der U6 zu finden ist, bietet alles, was man braucht, aber auch nicht viel mehr. Hier wird Fußball geschaut, Bier getrunken, das dunkle, holzige Ambiente genossen und im Sommer auch manchmal draußen gesessen.

## ISAAC'S
Schubertgasse 13, 1090 Wien

Das Isaac's ist eigentlich ein ganz normales Irish Pub: es gibt Bier, Fußball, Pub Quiz, das legendäre „Booze-Bingo" und eine Tanzfläche im Keller. Was im Isaac's aber besser ist als in vielen anderen Pubs, ist die Burgerauswahl. Neben den Klassikern findet man dort nämlich auch exotische Burger mit Känguruh-, Krokodil- oder Straußenfleisch auf der Karte! Klingt interessant – und ist es auch.

## THE HIGHLANDER
Sobieskiplatz 4, 1090 Wien

Dieses Lokal ist eigentlich eine Gasthausbrauerei und dementsprechend nicht als klassisches Irish Pub zu sehen. Trotzdem orientiert man sich hier kulinarisch und getränketechnisch stark an der grünen Insel; geschickt vermischt mit österreichischem Angebot. Besonders toll ist das hauseigene Bier, verfügbar in den Sorten Märzen Zwickl, Lager Zwickl und Highlander Stout. Ebenfalls toll ist, dass man im Sommer den wunderbaren Gastgarten genießen kann. Aber auch sonst ist es an der Bar ganz gemütlich. Geheimtipp: Spirituosenliebhaber können sich im Highlander Plätze für eine eigene Whiskeyverkostung reservieren.

## NA-NÒG
Anastasius-Grün-Gasse 6, 1180 Wien

Hier wird es immer montags voll, wenn um den Hauptpreis beim Pub Quiz gespielt wird - aber auch sonst ist man im na-nÒg sehr aktiv. Donnerstags gibt's ein Darts-Turnier, alle restlichen Tage gibt's entweder Live-Musik, Sport oder ein anderes Special. Hier wird Feierkultur gelebt - und zwar so irisch, wie es nur geht! Ganz als wäre jeder Tag St. Patrick's Day. Oder ist das eh so im na-nÒg?

# WIENS BESTE HEURIGE
## A Achterl in Ehren bei Wiens Winzern

Wer das Wiener Kulturgut Wein zu schätzen weiß, ist an lauen Sommerabenden meist beim Heurigen zu finden. Schöne Aussicht, exzellenter Jungwein, feine saisonale Wiener Schmankerl und eine großzügige Portion Gemütlichkeit erwarten euch in den grünen Oasen rund um Wien.

## WEINBAU HERRMANN
Johann-Staud-Straße 51, 1160 Wien

Der schöne Garten unter den Weinlauben vermittelt das Gefühl bei einer netten Bekannten zu Gast zu sein. Die Stimmung ist einfach herrlich, sobald die Lampions erleuchten! Die Weine stammen aus Eigenproduktion. Nur aufpassen muss man bei den Öffnungszeiten – diese sind eher unregelmäßig und sollten vorab online gecheckt werden.

## HEURIGER SISSI HUBER
Roterdstraße 5, 1160 Wien

Der Heurige Sissi Huber bietet Platz für über 200 Personen,

ist perfekt geeignet für Feiern, Hochzeiten oder größere Gesellschaften, bietet traditionelle Heurigen-Kost, eigene Weine und ist angenehm zu erreichen. Kurzum: ein gut etablierter Wiener Heuriger den man immer besuchen kann.

## WEINBAU LEITNER
Sprengersteig 68, 1160 Wien

Über den Stadtwanderweg 4a kann man am Schloss Wilhelminenberg vorbei bis zum Weinbau Leitner wandern. Der Winzer bewirtschaftet ein Anbaugebiet am Südhang des Wilhelminenbergs und die Weine aus Eigenproduktion können direkt hier konsumiert werden. Romantisch wird der Spaziergang zum Leitner dann, wenn man ihn bei einer Stelze auf der Terrasse ausklingen lassen kann. Prost!

## WEINSCHENKE ZUR BLAUEN NOS'N
Johann-Staud-Straße 9, 1160 Wien

Inmitten von Schrebergärten unterhalb des Ottakringer Bads befindet sich die Weinschenke zur Blauen Nos'n. Man sitzt auf Bierbänken, fast als hätte man in einem der Gärten einfach eine kleine Ausschank eingerichtet. Das macht einen Besuch hier aber nur noch gemütlicher. Die Weine sind aus Wagram, das Essen traditionell und doch auch modern (Spareribs!) und für einen kleinen Ausflug nach einem Nachmittag im Freibad ist dieser Heurige eigentlich die perfekte Wahl!

## WEINGUT UND HEURIGER STEFAN WIESELTHALER
Oberlaaer Straße 120 – Weinort Oberlaa, 1100 Wien

Mit der U1 (Oberlaa) und dann weiter mit dem Bus 17A ganz einfach zu erreichen ist der Familienbetrieb von Stefan Wieselthaler. Der Laaerberg wird vom Wieselthaler mittlerweile schon in dritter Generation kultiviert und heutzutage stehen neben den vorzüglichen Weinen auch die kulinarischen Highlights im Mittelpunkt.

## HEURIGER HIRT
Eisernenhangasse Parzelle 165 – Kahlenbergerdorf, 1190 Wien

Der Heurige Hirt punktet vor allem mit seiner herrlichen Aussicht über die Weinberge, die Donau, das Kahlenbergerdorf und damit, dass man sich dort wirklich mitten im Grünen fühlen kann. Der Garten hat Platz für bis zu 200 Leute und sonniges, warmes Wetter ist Voraussetzung dafür, zum Hirt zu gehen! Durchgehend warme Küche, Weine kommen ausschließlich aus Eigenanbau.

## WEINHOF ZIMMERMANN
Mitterwurzergasse 20 – Neustift am Walde, 1190 Wien

Mitten in den Weinbergen von Neustift am Walde befindet sich der wunderschöne Weinhof Zimmermann. Es werden hier ausschließlich Eigenbauweine serviert, der Traubensaft und der Schnaps aus der eigenen Brennerei sind aber ebenfalls einen Versuch wert. Kinder haben hier ebenfalls einen Nachmittag lang Spaß: am Spielplatz, beim Streicheln von Hasen oder beim Füttern der Schildkröten.

## MAYER AM NUSSBERG
Kahlenberger Straße gegenüber Nr. 210, 1190 Wien

In Mitten der Wiener Weinberge bekommt man in der Bu-schenschank Mayer am Nussberg eine ganz besonde-re Komposition aus gutem Essen, prämierten Weinen und atemberaubender Atmosphäre geboten. Neben dem Mayer am Nussberg ist aber auch der Mayer am Pfarrplatz und der Pfarrwirt - das älteste Restaurant Wiens für einen Besuch zu empfehlen. Die Mayer-Weine aus Eigenproduktion gibt es na-türlich dort und da!

## HEURIGER SIRBU
Kahlenberger Straße 210, 1190 Wien

Montag bis Samstag ab 16:00 Uhr wird man beim Heurigen Sirbu mit Wein und Schmankerl empfangen. Das Highlight (neben dem ausgezeichneten Wein) ist hier der Waggon des Wiener Riesenrads, der seit 2016 im Garten steht. Ein roman-tischer Blick über Wien in Gondel Nummer 14, eine Flasche Wein dazu und schon habt ihr den Platz für das perfekte Date gefunden!

## HEURIGER WERNER WELSER
Probusgasse 12, 1190 Wien

Wiener Wein gibt es beim Heurigen Werner Welser in Hei-ligenstadt. Im Sortiment sind hier diverse Weißweinsorten aber auch ausgewählte rote Tropfen wie etwa einen Cabernet Sauvignon im Barrique-Fass gereift. Aber welchen Wein man auch wählt, der Gastgarten ist gemütlich, die Speisen sind traditionell und das Heurigenfeeling authentisch!

## HEURIGER WIENINGER
Stammersdorfer Straße 78, 1210 Wien

Der Heurige Wieninger ist nicht nur schön, sondern hat auch Schmankerl zum Niederknien im Programm: Die Küche ist auf Bio ausgerichtet und man kann zwischen Heurigen-, Winzer- oder Schmankerlbuffet wählen und dann zum Beispiel im Gastgarten im Vierkanthof gleich genießen. Die Weine sind ebenso Bio-zertifiziert und somit ein Genusserlebnis für sich. Nicht umsonst nennt sich der Wieninger „Genussheuriger".

## WEINGUT GÖBEL
Stammersdorfer Kellergasse 131, 1210 Wien

„Heuriger meets Landgasthaus" ist das Motto von Helmut Krenek, der den kulinarischen Betrieb des Weingut Göbel leitet. Dieser „Heurige" ist also ein bisschen anders: Statt normalem Heurigenbuffet gibt es Gourmet-Küche und vor allem sehr guten Rotwein. Aber nicht nur in Sachen Essen ist dieser Heurige untypisch, auch die Gaststube ist modern eingerichtet.

## ZAHEL WEINBAU & HEURIGER
Maurer Hauptplatz 9, 1230 Wien

Voll ist er im Grunde genommen immer, der Zahel, und einer der ältesten Heurigen in ganz Wien obendrein. Manchmal heißt es Warten, um entweder vor dem Kamin im 250 Jahre alten Bauernhaus oder draußen im Gastgarten einen Platz zu bekommen. Hat man das erst einmal überwunden, genießt man am besten einen der prämierten Weine aus eigener Produktion des Wiener Winzers. Wem's besonders gut schmeckt, der kann auch das eine oder andere Fläschchen für zu Hause mitnehmen.

## WEINBAU & HEURIGER EDLMOSER
Maurer Lange Gasse 123, 1230 Wien

Im Winzerhaus aus dem Jahr 1629 isst und trinkt es sich vorzüglich: Die saisonalen Schmankerl und vor allem die hausgemachten Mehlspeisen lassen uns das Wasser im Mund zusammen laufen. Wie es sich für einen guten Heurigen gehört, gibt es auch einen Gastgarten für 250 Personen.

## WEINBAU WILTSCHKO
Wittgensteinstraße 143, 1230 Wien

Wer meint, ein Heuriger müsse immer altmodisch eingerichtet sein, der irrt gewaltig: bei Wiltschko hat man sich dem modernen, hellen Ambiente verschrieben. Auch das traditionelle Heurigenbuffet mit Selbstbedienung fehlt hier zugunsten einer wirklich ausgezeichneten Gourmet-Küche. Sämtliche Weine sind aus eigener Produktion, viele davon preisgekrönt. Ein Edelstein unter den gehobenen Heurigen. Tipp: neu entdeckte Lieblingsweine können flaschenweise ab Hof gekauft werden.

# WIENS BESTE STADTHEURIGE
## Das Gute liegt so nah!

Nicht jedes Gläschen Wein und nicht jede Theke mit Hausmannskost ist mit einer kleinen Weltreise verbunden. In Wien kann man auch mitten in der City den Heurigen genießen. Hinter Türchen und in Gässchen verstecken sich oft die schönsten Gastgärten und die urigsten Gaststuben.

## GIGERL
Rauhensteingasse 3, 1010 Wien

Urwienerisch – das ist der Gigerl. Dieser Ausdruck ist heutzutage wohl nicht mehr jedem ein Begriff - und das, obwohl es in Wien nach wie vor reichlich Gigerln, also modebewusste, avantgardistische Gestalten, gibt. Als modisch und zugleich urwienerisch kann man auch den Stadtheurigen Gigerl bezeichnen. Er hat nämlich Flair und auch sonst alles, was ein guter Heuriger braucht: eine Theke mit Hausmannskost, guten Wein und keck-freundliches Personal.

## WEINSTUBE JOSEFSTADT
Piaristengasse 27, 1080 Wien

Die Weinstube Josefstadt ist eine ziemlich gut versteckte Idylle im 8. Bezirk. Nur eine kleine Laterne an der Hauswand in der Piaristengasse deutet auf den Eingang hin. Und eher klein ist auch das Lokal selbst, weswegen man sich sowieso lieber in den wunderschönen Innenhof setzen will, der kühl und grün ist. Wenn einen draußen nicht wieder das emsige Stadtleben erwarten würde, könnte man genauso gut in einem Buschenschank in Niederösterreich sitzen. Gegen 21:30 Uhr flackern dann die Lichter als Zeichen der allgemeinen Gastgarten Sperrstunde – früh kommen zahlt sich also aus!

## HEURIGER HERRGOTT AUS STA
Speckbachergasse 14, 1160 Wien

Ottakring ist bekannt für Heurige, aber nicht alle sind so weit draußen, wie man glaubt. Der Heurige Herrgott aus Sta befindet sich in der Speckbachergasse und ist (genau wie auch die 10er Marie) mit der 2er Straßenbahn ganz einfach zu erreichen. Was früher einmal eine Drechslerei war, wurde bald zum Heurigen und der Name kommt von Karl Hodina, der das Wienerlied „Herrgott aus Sta" schrieb. Kulinarisch wird hier das Übliche aufgetischt und der Wein kommt unter anderem von den Weingütern Pittnauer und Leth.

## HEURIGER STIPPERT
Ottakringer Straße 225, 1160 Wien

Die Nachbarn von der Marie, das sind die Stipperts. Neben

SAUFEN WIE EIN ECHTER WIENER

der Buschenschank am Heuberg gibt es in Ottakring auch einen Heurigen mit Platz für ca. 150 Personen. Einige Highlights hier sind zum Beispiel der Enten Donnerstag, wo es um 18,- Euro eine halbe Ente mit Rotkraut und Knödeln gibt oder auch das sonntägliche Frühschoppen. Der Wein stammt hier aus eigenem Anbau – authentischer geht's also fast nicht mehr!

# BEISL
## Gemütlich, urig, bunt – ein Ort für jede Stund'

**Ob man ein Frühstück sucht, einen Kaffee braucht, Gusto auf ein Bier hat oder einfach nur gemütlich sitzen bleiben möchte - die Wiener Beisl lassen einen niemals im Stich.**

### KÄUZCHEN
Gardegasse 8, 1070 Wien

Hölzerne Bänke, unendlich viel Krimskrams an den Wänden, eine Skulptur in der Ecke und Straßenschilder an den Durchgängen. Im Käuzchen findet sicher jeder Gast einen gemütlichen Platz - ob am großen Tisch in der Gruppe oder in einer kleinen Sitznische nur zu zweit. Essen und trinken geht

www.stadtbekannt.at | 101

hier auch für Menschen mit studentischen Geldbörserl - die Schwarzbrottoasts sind günstig aber nichts für den kleinen Hunger! Und das „Sozialbier" - ja, das gibt's besonders billig!

## UNGAR GRILL
Burggasse 97, 1070 Wien

Ein Piano in der Ecke, ein paar Leute an der Bar und ein gemütliches Gewusel im hinteren Bereich des charmant-authentischen Lokals. Im Ungar Grill treffen sich Musiker und Künstler, aber auch allerlei andere Gäste für ein Feierabend-Biertschi, ein, zwei, fünf Spritzer oder einen kreativen Toast Hawaii. Die Wirtin selbst ist immer mittendrin und wer in den Sommermonaten kommt, bekommt seinen Spritzer von ihr direkt in den Heurigen-artigen Innenhof-Gastgarten serviert!

## CAFÉ BENNO
Alser Straße 67, 1080 Wien

Ein Allround-Beisl wie es im Buche steht! Das Café Benno ist besonders bei Spiele-Liebhabern ein fixer Treffpunkt. Hier stehen Brettspiele, Karten und Würfel aller Art zur Verfügung. Montags und dienstags findet ein Pub Quiz statt, und immer wieder gibt es Vorträge oder Diskussionen. Man kann aber auch einfach nur auf ein Bier gehen oder sich durch die Speisekarte kosten - im Benno ist wirklich jeder willkommen.

## TUNNEL
Florianigasse 39, 1080 Wien

Frühstück, Konzerte aller Art, Bier, Wein, Abendessen - im

Tunnel findet ihr ein bunt-gemütliches Mischmasch an Angeboten. Zu jeder Tages- und Nachtzeit werdet ihr dort Gäste antreffen - und das zu Recht! Der Keller des Tunnels wird für Konzerte von (Nachwuchs-)künstlern genutzt, oben trifft man sich zum Plaudern oder Absacken. Sympathisch, urig, alteingesessen. Der (oder das) Tunnel ist nicht aus Wien wegzudenken!

## KLUB GRU
Rögergasse Ecke Stroheckgasse, 1090 Wien

Ein Kellerlokal, perfekt für Studenten, für Bierliebhaber und für Freunde eines gemütlichen Abends. Im Klub Gru erwartet die Gäste nicht nur eine gratis Arcade-Maschine und ein Super-Nintendo, sondern auch ein Tischfußballtisch, coole Murals und ein vollständig ausgestattetes DJ Pult. Parties kann man hier ebenso feiern und die Auswahl an Craftbieren lässt den Abend bestimmt nicht langweilig werden. Weitere Getränkehighlights: auch Pfeffi und kurioses wie Kürbiskernlikör steht hier auf der Karte!

## JETZT
Parhamerplatz 16, 1170 Wien

Über das JETZT sollte man eigentlich gar nicht zu viel sagen. Die, die es kennen, wissen wie gut es ist und die, die es nicht kennen, müssen es eben selbst kennenlernen. Hier vermischt sich gemütliche Beisl-Kultur mit unkomplizierter Manier und vom Feierabendbier bis zum Billiardspiel ist man hier bestens versorgt. Besonders im Sommer wird der Andrang im JETZT groß, denn der Gastgarten ist eine wahre Idylle. Aber auch sonst lockt das Konzert- und Entertainment Programm immer wieder viele Gäste!

# BAR & FOOD
## Weil Essen und Trinken einfach zusammengehört ...

Wem das Trinken ohne feststoffliche Begleitung in Form von Essen zu langweilig ist, dem seien jene Lokale empfohlen, die neben einer guten Getränkeauswahl auch eine gute Küche ihr Eigen nennen. Ob nach der Arbeit, für ein schickes Date oder schlichtweg zum Freunde treffen - mit diesen Lokalen machen Feinschmecker garantiert nichts falsch!

## BLUE MUSTARD
Dorotheergasse 6-8, 1010 Wien

Ein internationales Flair erwartet euch bei Blue Mustard in der Dorotheergasse. Hier wird nicht nur den Highlights aus der Bar gefrönt, sondern man kann sich auch mit internationalen

Speisen aus dem Foodtruck verwöhnen lassen. Dieser ist direkt in das Lokal integriert und passt genauso gut hinein, wie die Kirchenfenster hinter der Bartheke oder der Glühbirnen-Regen im Restaurant-Bereich. Stilvoll essen und trinken wird hier in legerer Atmosphäre kombiniert.

## PLANTER'S CLUB
Zelinkagasse 4, 1010 Wien

Ins Planter's sollte man immer mit Hunger kommen. Es handelt sich hierbei nämlich nicht nur um eine stilvolle Cocktail-/American Bar, sondern im zugehörigen Livingstone Restaurant werden auch hochwertigste Steaks serviert. Edel-robuste Atmosphäre herrscht hier vor und wer etwas wirklich besonderes will: man kann das Dinner auch direkt im geräumigen Weinkeller zu sich nehmen!

## SPELUNKE
Taborstraße 1, 1020 Wien

Der Name verrät es schon - hier kann man gerne und lange sitzenbleiben. Die Spelunke ist sowohl für ihre kulinarischen Highlights (schon zu Morgenstunden) als auch für ihre abendlichen Cocktailkreationen einen Besuch wert. In gelassener Atmosphäre lassen sich hier Steaks und Steckerlfisch genauso wie Cocktailkreationen auf höchstem Niveau genießen. Ein großes Highlight ist auch die animierte Foto-Graffiti-Wand.

## MOTTO
Rüdigergasse 1, 1050 Wien

Das Motto ist schon längst fixer Bestandteil der Wiener Bar- und Restaurantszene. Dabei könnte man meinen es ist frisch aus dem Designkatalog für Szenelokale geschlüpft, so cool ist das Interieur. Grüngepolsterte Barsitzbänke, neonleuchtende Schriftzüge an den Wänden und ein dunkelstylisches Ambiente. Neben der erstklassigen Dinnerküche ist aber auch die Bar immer ein Besuch wert. Kein Wunder, dass der ein oder andere Abend hier auch einmal länger wird. Top!

## LUSTER BAR
Windmühlgasse 32, 1060 Wien

Das hippe Schwesterlokal des Zweitbester im 4. Bezirk ist ansehnlich, gemütlich und ein wahrer Hingucker. Das Herzstück des Lokals ist der große, namensgebende Luster, der gleichzeitig als Träger für Bargetränke bzw. Flaschen dient. Aber auch im unteren Stock ist nochmal reichlich Platz vorhanden, neben (wirklich vorzüglichen) Cocktails stehen auch einige kreative Speisen auf der Karte – alles in allem: hingehn, anschaun und dann immer wieder kommen!

## THE BIRDYARD
Lange Gasse 74, 1080 Wien

„Eatery and Bar" nennt sich die hipp-bunte Location in der Lange Gasse im 8. Bezirk. Die ambitionierten Herren von „Mama Liu & Sons" bieten hier kleine (sehr feine!) Speisen in puristischen Stil an und die Getränkekarte verhält sich ebenso

elegant. Zwar kreativ, aber ohne unnötigen Schnickschnack -
und dabei könnte man ob der bunten Wände ganz anderes
erwarten!

## OMU BAR
Kolingasse 7, 1090 Wien

Stylisch inszeniert, wunderschön angerichtet und nur wenige Meter vom Schottentor entfernt. Die OMU Bar setzt auf
Hingucker-Cocktails und dunkel-gemütliche Atmosphäre in
schickem Stil. Dazu gibt es kleine Tapas und Snacks für den
Afterwork-Hunger. Networken, Freunde treffen oder das Date
ausführen - dafür ist die OMU Bar gerade richtig!
PS: Und der Name? Kommt aus dem Japanischen und bedeutet „Papagei".

## MEHR LOKALTIPPS?

www.stadtbekannt.at
Das Wiener Online Magazin mit den besten Tipps für Wien.

# A BAR IDEEN
## Inspiration für feine Drinks

Wo geh'ma heute hin? Gemütlich und wohnzimmermäßig  soll es sein, und doch irgendwie schick, hipp und modern. Keine Sorge, in Wien gibt es Lokale für jeden Geschmack - vom Hipsterbeisl über die alternative Bar bis hin zum Cocktailtempel mit dem gewissen Extra.

## NEEDLE VINYL BAR
Färbergasse 8, 1010 Wien

Die Needle Vinyl Bar zieht zurecht die Blicke der Vorbeigehenden auf sich. Cool eingerichtet und hervorragend beschallt – ausschließlich von Schallplatten – oder Live-Musik. Stilmäßig bewegt sich die Musik quer durchs 20. Jahrhundert und kramt so manchen vergessenen Dauerbrenner hervor. Das Getränkesortiment besteht aus Klassikern wie Spritzer und Bier über Longdrinks bis hin zu Signature Cocktails. Ein gutes Lokal für Nostalgiker!

## FRANZ VON HAHN
Rotensterngasse 8, 1020 Wien

„Shabby chiq" ist was einem einfällt, wenn man das Franz von Hahn betritt. Vintage mischt sich mit modern, gute Musik wird von kreativen Lichtinstallationen begleitet und die Karte ist immer wieder vielversprechend. Eine In-Location für Hipster und alle, die gerne einen legeren Abend in einer coolen Bar verbringen wollen! Ach, und diverse DJs machen einen Besuch bei Franz von Hahn ebenso worthwile!

## BASZ BAR
Hollandstraße 7, 1020 Wien

Mit purer Leidenschaft geht man hier an die Sache heran. In der Basz Bar werden fünf Biere vom Fass, einige Craftbier-Spezialitäten, gute Weine und vor allem selbst angesetzte Spirituosen (!) serviert. Der Partykeller im Untergeschoss kann für Feiern gemietet werden - alles in allem: eine ansehnliche, schicke und gemütliche Bar für jeden Anlass!

## NEULICH
Neulinggasse 13, 1030 Wien

Das Neulich im 3. Bezirk ist erstens ein Geheimtipp was günstige und doch geschmackvolle Getränke anbelangt und ist ein wahrer Schatz für Studenten und Liebhaber eines gemütlichen Abends. Im hinteren Bereich des Lokals wartet ein Tischfußballtisch, vorne überzeugt die stilvolle Einrichtung und der Inhaber Clemens Winkler ist die Gastfreundschaft in Person. Aber Achtung: über den Sommer schließt das Lokal!

## TAPETE BAR
Zentagasse 14, 1050 Wien

Perfekt für einen netten Drink mit Freunden, für einen Abstecher nach der Arbeit oder für ein sonntägliches Tatort-Vergügen. Die Tapete Bar im fünften Bezirk ist ein bisschen zum Wohnzimmer der Nachbarschaft avanciert und doch Bar genug um auch für die späteren Stunden noch als perfekte Location zu dienen. Gemütlich, unkompliziert und garantiert einen Besuch wert!

## FUTUREGARDEN
Schadekgasse 6, 1060 Wien

Eine kleine, lässige Bar, wo man offen mit allen Gästen und ihren Facetten umgeht. Jeder ist willkommen, jeder darf genießen und jeder kann hier einen guten Abend verbringen. Auf der Karte stehen Bargetränke, von der Decke leuchten die bunten Visuals und vielleicht findet man auch das ein oder andere Konfetti im Haar. Ein bisschen abgefuckt ist er zwar schon der futuregarden, aber es kommt ja schließlich nicht auf das Äußere an!

## TANZCAFÉ JENSEITS
Nelkengasse 3, 1060 Wien

Wer das Tanzcafé Jenseits findet, der wird in eine rote Welt aus Samt und 60er Jahre Interieur eintreten. In schummriger Puff-Atmosphäre kann man hier seinen Averna Sour, Aperol Spritz und noch einige andere Aperitifs zu sich nehmen. Untermalt wird das Ganze meist von Swing und Jazz. Nachdem es ja Tanzcafe Jenseits heißt, gibt es zu später Stunde auch ein tanzwilliges Völkchen zu sehen. Für jede/n WienerIn oder WahlwienerIn ist ein Besuch im Jenseits ein Muss, denn die Wiener Seele ist ja schon ein bisserl morbid.

## TIMO'S LIVING ROOM
Bürgerspitalgasse 20, 1060 Wien

Timo's Living Room - das ist Wiens allererste Biercocktail Bar! Neben dem Känguruh Pub ist es bereits das zweite Lokal von Fredi, das sich „Bier" ganz groß auf die Fahnen heftet. Hier wird Bier mit feinsten Spirituosen und Fruchtsäften gemischt, was überraschend harmonisch schmeckt. Weniger überraschend also, wenn Biercoktails die Runde machen und bald an mehreren Ecken zu finden sind. Innen ist das Lokal durchaus modern-elegant, aber durch die gewölbeartigen Ziegelwände doch auch sehr gemütlich!

## MONAMI
Theobaldgasse 9/1a, 1060 Wien

Gemütlicher geht's fast nicht. Das Monami ist bestückt mit zahlreichen Sofas und Fauteuils - man setzt sich, man trinkt - aber man tanzt auch manchmal! Und wer im Keller vorbeischaut findet einen Photobooth und einen Wuzzler. Manchmal gibt es im Monami auch Poetry Slams oder Flohmärkte - eine Bar in der es ständig Neues zu entdecken gibt.

## WIRR
Burggase 70, 1070 Wien

Tagsüber Café, abends Bar und nachts auch noch Club. Das

WIRR in der Burggasse ist mittlerweile schon zur Institution geworden. Eine Mischung aus orientalischen Gerichten, Craft Bieren und ausgefallenen Kreationen erwartet euch auf der Speisekarte. Später schaut man sich die vielleicht gar nicht mehr so genau an, sondern genießt einfach den Abend - manchmal auch gemeinsam mit dem Personal. Und wer die Nacht noch länger machen will: im Keller befindet sich der hauseigene CLUB DUAL!

## R&BAR
Lindengasse 1, 1070 Wien

Wie schön, dass man in der reizenden Bar im Siebten nun nicht nur Cocktails trinken, sondern auch frühstücken kann. Die R&Bar (sprich: Rund Bar) strotzt vor 1950er Jahre Charme und punktet mit altem Glas, Terrazzo-Spielereien und eben auch mit Wochenendbrunch und hochqualitativer Küche. Die Auswahl ist breit gefächert und spielt das übliche Lied von klassisch bis Burger. Es geht rund in dem durch und durch Neubau'schem Lokal!

## GANZ WIEN
Zollergasse 15, 1070 Wien

Ganz Wien ist der vierte Streich der Betreiber Baier und Botros. Die Bar in der Zollergasse ist eine wunderbare Ergänzung für die Ausgehmeile. Mit Falco und Wien-Spirit lassen sich hier wunderbare Drinks genießen. Highlights sind die Spritzer mit selbstgemachten Sirups und der Prosecco vom Fass. Der Schanigarten ist natürlich ein Muss bei schönen Tagen, aber wenn es draußen ungemütlich wird, laden kuschelige Sitzecken und Straßenbahnsesseln zum Trinken, Singen und Genießen ein! Ganz Wien muss da hin!

## RADIO - THE LABEL BAR
Schottenfeldgasse 17, 1070 Wien

In der wohl „berlinste" Bar in Wien gibt es Pfeffi und Berliner Luft, Glitzer und Einhörner und neben dem Barbetrieb auch noch einen kleinen Fashion Corner und ein hauseigenes Plattenlabel. Die Getränkekarte ist neben den Berliner Klassikern auch mit Longdrinks und Spritzer bestückt. Das Biersortiment beinhaltet nicht nur Heimisches, sondern auch Berliner Kindl, Tannenzäpfle und Astra.

## TREUBLEIBEN
Kirchengasse 20, 1070 Wien

Irgendwo zwischen Beisl und Weinlokal oder doch lieber Bar inmitten der Hipstergegend im 7. Bezirk. Das treubleiben Wien ist eine Hommage an die Liebe zu sich selbst, denn man sollte sich selbst immer treubleiben. Und genauso individuell wie jeder Gast ist auch das Interieur eigenständig zusammengewürfelt, die Atmosphäre lässig und gemütlich! Hier lassen sich auf jeden Fall der ein oder andere Gurkenspritzer in aller Treue genießen!

## MATIKI BAR
Gardegasse 2, 1070 Wien

Wer seine Drinks gerne aus ausgefallenen Gläsern trinkt, der ist in der Matiki Bar gerade richtig. Hier mischen sich hawaiianische Urlaubsgefühle mit cubanischem Rum und Schirmchen. Die Cocktailkreationen führen den Gast durch alle Länder und Eigenheiten - von der Queen Mum und Earl Grey bis hin zu Mezcal aus dem mexikanischen Totem-Glas. Damit man sich auch gleich etwas darunter vorstellen kann, werden die Cocktails in der Karte herzig illustriert. Sollte man unbedingt ausprobieren!

## ULRICH UND ERICH IM THEATER
Spittelberggasse 10, 1070 Wien

Es gibt das Ulrich und es gibt das Erich - und wenn beide gemeinsam ins Theater am Spittelberg gehen, dann entsteht daraus eine völlig neue Bar. In der Theaterkantine werden die üblichen Getränke wie Bier und Wein verkauft - das Highlight sind jedoch die Cocktails aus der Dose. Mithilfe einer eigenen Konstruktion werden kleine Spirituosen-Fläschen direkt in Trendgetränk-Dosen gesteckt und fertig ist der Cocktail. Kreativ, einfach und perfekt für's Theater!

## THE UNDERDOG BAR
Schlösselgasse 24, 1080 Wien

Nicht zu unterschätzen ist sie - the underdog bar in der Schlösselgasse im 8. Bezirk. Das Getränkesortiment bietet für jeden Geschmack etwas, man achtet auf Bio-Produkte und eine nachhaltige Umgangsweise mit Ressourcen und passend zum Namen gibt es Hot Dogs auf der Speisekarte. Jeden Tag werden zwei Getränke auf der Karte vergünstigt angeboten und für private Feiern kann die Location auch gemietet werden. Ein perfektes Lokal für Studis, aber auch alle anderen!

# ABSACKER-LOKALE
## Orte zum Hockenbleiben und Versumpfen

Irreführenderweise nennen sie sich Cafés. Die meisten Besucher der hier aufgezählten Lokalitäten sind allerdings nicht zum Kaffeetrinken da - und wenn, dann erst frühmorgens, nach durchzechter Nacht …

## CAFÉ BENDL
Landesgerichtsstraße 6, 1010 Wien

Auch im Ersten kann man versumpfen, und zwar so richtig. Eine namhafte Kult-Adresse dafür ist das Café Bendl, ein Kellerlokal, in dem scheinbar die Zeit stehen geblieben ist: Alte Holzvertäfelungen, eine leuchtende Jukebox mit gar grässlicher Musikauswahl und ganz viel Schmuddel-Flair machen das Bendl zu dem, was es ist. Essen bekommt man hier bis in die frühen Morgenstunden. Zu fortgeschrittener Stunde fliegen hier schon einmal die Bierdeckel durch die Luft, oder es gibt „Koks" im Stamperl. Kein Grund zur Panik.

## CAFÉ EINHORN
Joanelligasse 7, 1060 Wien

Gegründet von der Jazz-Legende Uzzi Förster, ist das Einhorn seit 1977 ein atmosphärisch einzigartiger Fixstern am Himmel der Wiener Nachtschwärmer. Die Tapeten sind orange, die Möbel schmuddelig, das Licht schummrig, die Luft von dichten Rauch- und Dunstschwaden durchzogen, das Publikum intellektuell-individuell, ohne dabei prätentiös oder boboesk zu wirken. Hier trifft man sich für Debatten über Kafka, Politik, oder den Sinn des Lebens - und sitzt dabei garantiert niemals auf dem Trockenen.

## CAFÉ EUROPA
Zollergasse 8, 1070 Wien

Charmant abgefuckt, ziemlich retro und untypisch spelunkenhaft gibt sich das alteingesessene Café Europa im Siebten. Hier treffen sie sich alle: kaffeeschlürfende Laptop-Nutzer, ganz in die Arbeit vertieft, biertrinkende gesellige Runden, Studierende beim Frühstücken, Nachtvögel auf der Durchreise und zeitungslesende Rotwein-Philosophen. Anders als in den meisten Absacker-Locations ist die Speisekarte hier international und überaus abwechslungsreich - außerdem kann man bis in die Nacht hinein Frühstück bestellen. Cocktails gibt es ebenso. Wer hier noch nie war, sollte diese Bildungslücke schleunigst stopfen!

## CAFÉ CARINA
Josefstädter Straße 84, 1080 Wien

Gut versteckt im Schutze eines Stadtbahnbogens liegt das

Künstler- und Musikercafé Carina, bekannt für abwechslungsreiche Live-Acts aufstrebender Bands. Ob Rock, Blues, Punk oder Alternative, in diesem Gewölbe bebt der Boden vor vibrierenden Sounds. Dazu gibt es gute Stimmung, mannigfaltige Biere vom Fass und aus der Flasche, sowie Schnaps, Cocktails, und kleine Snacks!

## CAFÉ CONCERTO
Lerchenfelder Gürtel 53, 1160 Wien

Ähnlich wie das nahe Café Carina wird auch die Institution namens Café Concerto häufig zur Bühne der Wiener Musikszene. Während oben im kitschig-gemütlichen „Wintergarten" oder im Café-Bereich eher geplaudert und gebechert wird, spielt es sich im „Felsenkeller" mit Bar und Bühne so richtig ab! Am Programm stehen meist Indie, Blues, Jazz, Singer-Songwriter und World Music. Leider hat man hier „nur" bis 2:00 Uhr geöffnet - doch bei der Lage gegenüber der Stadtbahnbögen sollte es nicht schwer fallen, auch anderswo noch ein Bier zu bekommen!

# Register